WAS IST WAS

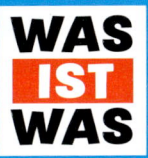

Silke Behling

PFERDE UND PONYS

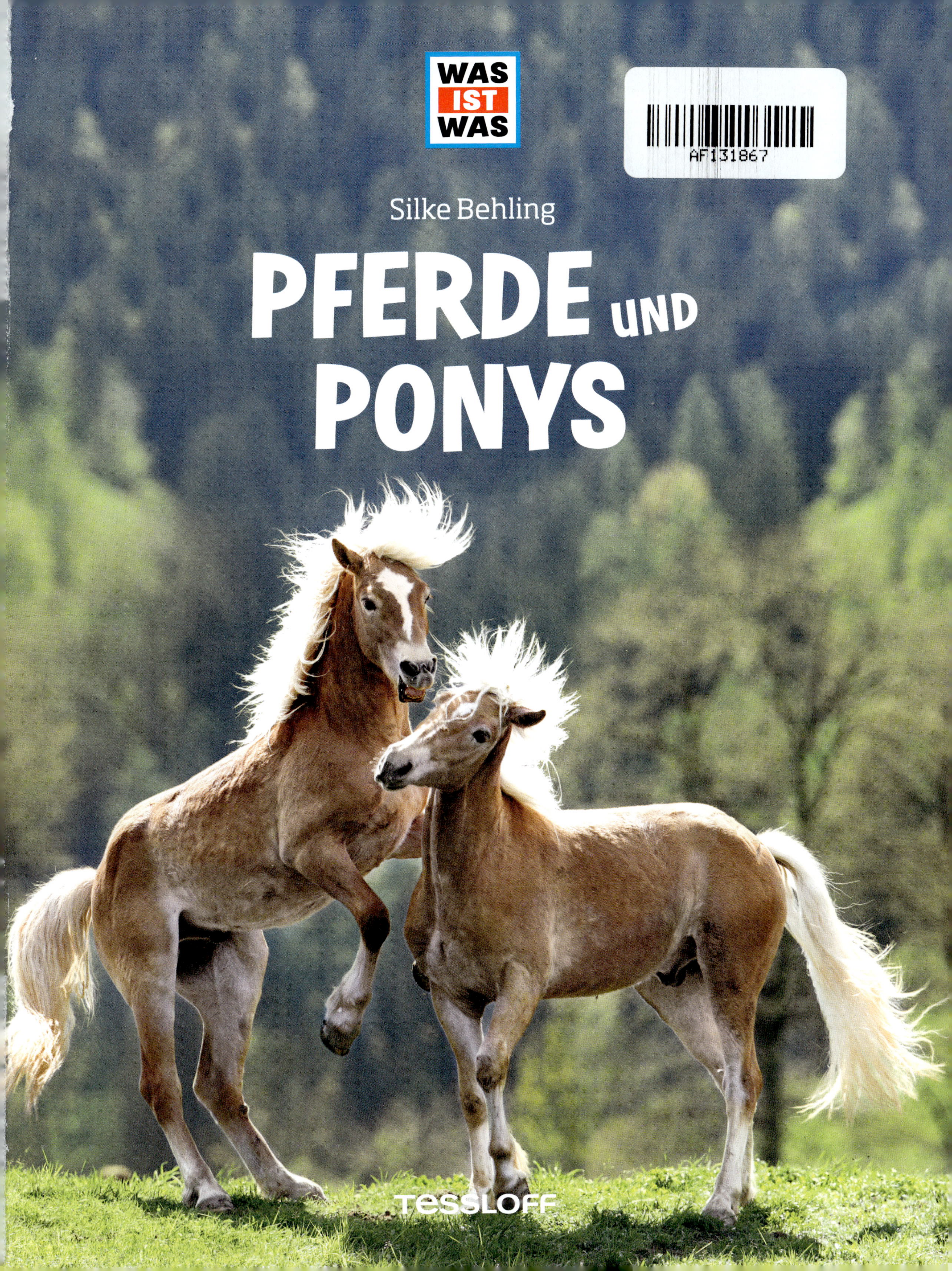

TESSLOFF

Von kleinen und großen Pferden

Es gibt kleine und große Pferde, schlanke und kräftige, einfarbige und bunte. Auch wenn sie sich in Größe, Körperbau und Fellfarbe ähneln, gehören sie dennoch meist zu unterschiedlichen Rassen. Bei den meisten Pferderassen hat der Mensch durch Zucht dafür gesorgt, dass die Pferde eine oder mehrere Eigenschaften besitzen, die für ihn besonders wichtig sind. Das kann ein bestimmtes Talent wie das Springtalent sein oder eine bestimmte Gangart wie bei den Gangpferden der Tölt. Auch das Temperament der Pferde einer Rasse ist ähnlich. So ist der Araber in der Regel ein temperamentvolles, aufmerksames Pferd, das schnell reagiert, während der Tinker ein eher ruhigeres Gemüt hat und etwas langsamer handelt.

Perfekt angepasst

Nicht alle Eigenschaften hat der Mensch beeinflusst. Natürlich hat auch die Herkunft der Pferde sie geprägt: Der Isländer muss wetterfest und robust sein, denn auf Island ist es manchmal kalt und ungemütlich. Und ein Bergpony muss von sich aus gute Nerven haben – kopfloses Davonrennen könnte es das Leben kosten!

Pferd oder Pony?

Äußerlich unterscheiden wir oft nach Ponys und Pferden. Genau genommen ist das nicht ganz richtig. Denn unter den »Kleinen«, also denen, die unter das in Deutschland übliche Ponymaß von 1,48 Meter fallen, gibt es auch Pferde. So gelten beispielsweise die Camarguepferde als (Klein-)Pferde und nicht als Ponys, auch wenn sie es der Größe nach oft wären. In diesem Buch wurde deshalb eine Einteilung nach drei Gruppen vorgenommen: Ponys- und Kleinpferde, Voll- und Warmblüter und Kaltblüter. Bei den Voll- und Warmblütern wurden in der Regel auch die amerikanischen Rassen und die Barockpferde sowie die entsprechenden Gangpferde eingeordnet – es sei denn natürlich, sie sind im Ponymaß.

Unglaublich!

Der Körperbau von Pferden und Ponys ist immer gleich – egal wie groß sie sind. Sie haben zum Beispiel alle die gleiche Anzahl an Halswirbeln, wie übrigens auch die Giraffe und alle anderen Säugetiere.

Ob groß, ob klein – wir sind alle Pferde!

Diese Symbole findest du zu jeder Rasse.

Ponys sind einfach niedlich! Doch viele von ihnen sind auch stark und können so einiges leisten.

Ponys und Kleinpferde

Zu den Ponys und Kleinpferden gehören alle Pferde, die offiziell kleiner als 148 Zentimeter sind. Das ist das deutsche Ponymaß. In anderen Ländern gelten inzwischen Tiere mit einer Größe von 152,2 Zentimetern noch als Pony – zum Beispiel wenn es um Turnierstarts geht. Da diese Größeneinteilung manchmal unterschiedlich ist, finden sich in dieser Gruppe sowohl Ponys als auch Pferde. Wie auch die Islandpferde, die wegen ihrer Größe eher zu den Kleinpferden zählen als zu den Ponys. Ponys können sowohl ruhig als auch temperamentvoll sein.

Kaltblüter

Die Kaltblüter haben kein kälteres Blut, sondern sie sind einfach etwas ruhiger und gelassener als Warm- oder Vollblüter. Zu ihnen gehören die schweren Arbeitspferde, die bis zu einer Tonne wiegen und große Lasten ziehen können. Früher wurden Arbeitspferde fast überall gebraucht: Sie zogen die Wagen, mit denen Waren transportiert wurden, und sie wurden auf dem Feld eingesetzt. Ohne starke Pferde war der Ackerbau sehr schwierig. Selbst die Post wäre ohne sie nie angekommen – denn wer außer den kräftigen Pferden hätte die schwere Postkutsche ziehen können?

Kaltblüter sind die Arbeitstiere unter den Pferden. Als sie noch für die Landwirtschaft gebraucht wurden, waren sie viel häufiger.

Kaltblut
Miniaturpferd

Voll- und Warmblüter

Voll- und Warmblüter sind sich inzwischen oft sehr ähnlich, denn bei den modernen sportlichen Warmblütern wurden und werden noch heute oft Vollblüter miteingekreuzt. Warmblutpferde sind aus den ursprünglichen schwereren Arbeitspferden entstanden, die mithilfe von Vollblütern veredelt wurden. Die Warmblutpferdezucht ist auf sportliche Leistung ausgerichtet, sodass sich die Pferderassen teilweise recht ähnlich sind. Die Sportpferde sind oft über 165 Zentimeter groß und haben schwungvolle Bewegungen. Der Vollblüter hat übrigens kein volleres Blut, sondern einfach oft mehr Temperament als der Warmblüter – er ist heißer, wie man auch manchmal sagt. Zu den Vollblütern gehören beispielsweise die Araber und die Englischen Vollblüter.

Je höher der Vollblutanteil bei einem Pferd ist, desto temperamentvoller kann es sein.

➡ Schon gewusst?

Die Größe eines Pferdes wird als Stockmaß angegeben. Das bedeutet, dass sie mit einem Stock oder Stab gemessen wird. Man stellt den Stab etwa neben ein Vorderbein und misst die Höhe des Widerrists. Früher maß man auch manchmal mit einem Band; die Größe hieß dann Bandmaß. Beim Bandmaß werden alle Muskeln und Wölbungen des Körpers mitgemessen, sodass es eher ungenau ist.

Fellfarben und Abzeichen

Es gibt viele unterschiedliche Fellfarben bei Pferden – nicht nur Braune, Füchse, Rappen und Schimmel, sondern auch Isabellen, Blue Roans und andere spannende Farben. Manche davon werden bei den jeweiligen Rassen unterschiedlich bezeichnet. Die weißen Flächen am Kopf oder an den Beinen werden Abzeichen genannt. Während sich die Fellfarbe oft noch verändert, werden Fohlen schon mit der Blesse geboren, die sie auch später als erwachsene Pferde haben.

Laterne

Die Laterne ist die breiteste Blesse. Manchmal reicht sie sogar über eines der Augen.

Die Farbzeichnung am Kopf eines Pferdes kann ganz unterschiedlich aussehen: Flocke (1), unregelmäßige Blesse (2), Stern (3), Schnippe (4), schmale Blesse (5). Die Form der Blesse wird auch im Equidenpass, dem »Personalausweis« der Pferde, angegeben.

Weiße Krone

Der Kronrand oben am Huf ist weiß.

Weißer Ballen

Nur der Ballen ist weiß.

Weiße Fessel

Ausschließlich die Fessel ist weiß.

Halbweißer Fuß

Der Fuß ist zur Hälfte weiß.

Weißer Fuß

Der ganze Fuß ist weiß.

Hochweißer Fuß

Das Weiß reicht höher als der Fuß.

Palomino
Sie haben rötliches Fell und helles Langhaar.

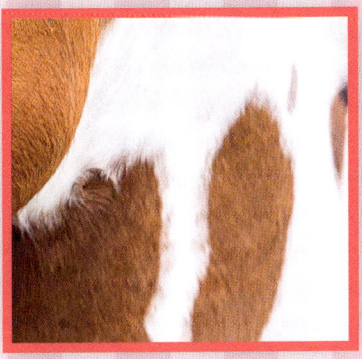

Schecke
Bei ihnen sind unterschiedlich große Flecken über den ganzen Körper verteilt.

Tiger
Weiße Pferde mit braunen oder schwarzen Punkten, die unregelmäßig am Körper auftreten können.

Fuchs
Diese Pferde haben rotbraunes Fell und Langhaar.

Dunkelbrauner
Man erkennt sie an ihrem dunkelbraunen Fell und ihrem schwarzen Langhaar.

Rappe
Fell, Schopf, Mähne und Schweif sind bei ihnen schwarz.

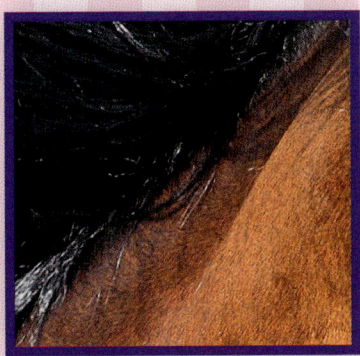

Brauner
Braunes Fell und schwarzes Langhaar kennzeichnen diese Pferde.

Isabell/Cremello
Ihr Langhaar und ihr Fell sind cremefarben.

Schimmel
Typisch für diese Pferde sind ihr weißes Fell und das weiße Langhaar.

→ Schon gewusst?
Schimmel werden als Braune, Füchse oder Graue geboren. Ein paar helle Strähnen im Schweif oder helle Haare in der Grundfarbe verraten aber schon: Das wird ein Schimmel! In den ersten Lebensjahren wird der Schimmel dann immer heller. Er schimmelt aus, wie man sagt.

Falbe
Hellbraunes Fell und schwarzes oder zweifarbiges Langhaar. Oft mit Zebrierung an den Beinen und Aalstrich auf dem Rücken.

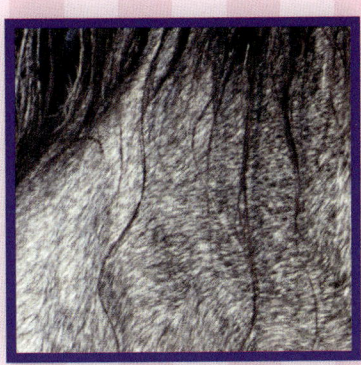

Blue Roan
Sie werden auch Dauerschimmel genannt. Ihre Haut ist schwarz, ihr Fell weiß. Das Langhaar ist grau oder schwarz.

Sprinter mit Allradantrieb

Das Pferd ist ein absolutes Lauftier. Sein Körper ist darauf ausgerichtet, sich ständig fortzubewegen und sogar aus der Ruhe heraus plötzlich loszusprinten und zu fliehen. Die Sinnesorgane sind sehr empfindlich, damit das Tier in seiner Umgebung alles mitbekommt, und der Körper ermöglicht eine rasante Beschleunigung. Das Pferd hat einen besonders starken »Hinterradantrieb«. Eine weitere Eigenschaft der Hinterbeine ist außerdem, dass das Pferd durch sie quasi wie von selbst stehen kann – ganz ohne Muskelanspannung. Nur so kann es auch im Stehen ruhen.

Ohren

Pferde haben sehr gute Ohren. Sie hören Töne, die wir Menschen nicht mehr wahrnehmen können.

Mähne

Die Länge der Mähne und die Dicke der Haare sind bei allen Pferden unterschiedlich.

Widerrist

Am Widerrist, der höchsten Stelle des Pferderückens, wird die Größe eines Pferdes gemessen.

Schweif

Der Schweif schützt vor Fliegen und außerdem kann das Pferd damit seine Stimmung anzeigen.

Sattellage

Hier liegt bei einem Reitpferd der Sattel. Ist sie kurz, ist es schwer, einen passenden Sattel zu finden.

Knie

Sprunggelenk

Das Sprunggelenk ist beim Menschen der Fußknöchel. Beim Pferd findet sich dort auch das Fersenbein, da es ja ein Zehengänger ist.

Knie

Am Knie eines Pferdes kann man sehr gut die Bewegung der Kniescheibe spüren.

Huf

Der Huf ist ein beweglicher Stoßdämpfer aus Horn! Der hintere Bereich mit Strahl und Strahlpolster ist weich und beweglich.

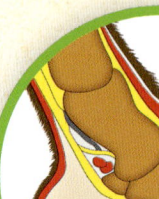

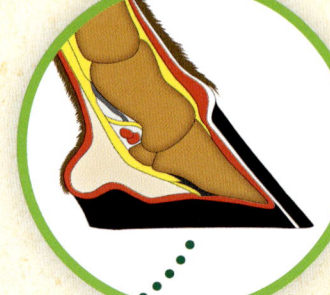

Augen
Pferde können auch im Dunkeln gut sehen. Aber das, was direkt vor oder hinter ihnen ist, können sie nicht erkennen. Das liegt daran, dass ihre Augen seitlich am Kopf sitzen.

Meine Zunge ist der Waaahnsinn!

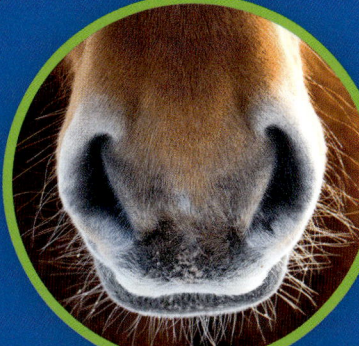

Nüstern
Ein Pferd kann sehr gut riechen – ähnlich wie ein Hund.

Unglaublich!
Die Zunge von Pferden ist sehr empfindlich. Wie wir schmecken sie, ob etwas sauer, bitter, salzig oder süß ist. Mithilfe von Maul und Zunge sortieren Pferde kleinste Teilchen aus dem Futter heraus.

Maul
Das Maul ist ganz weich. Mit ihm können Pferde einzelne Grashalme abrupfen. Zudem hat es lange Tasthaare, mit denen das Pferd erfühlt, was vor seiner Nase liegt.

Vorderfußwurzelgelenk
Hier ist sozusagen das Handgelenk des Pferdes.

Fesselgelenk
Das stehende Pferd sollte im Fesselgelenk einen Winkel von 45 Grad haben.

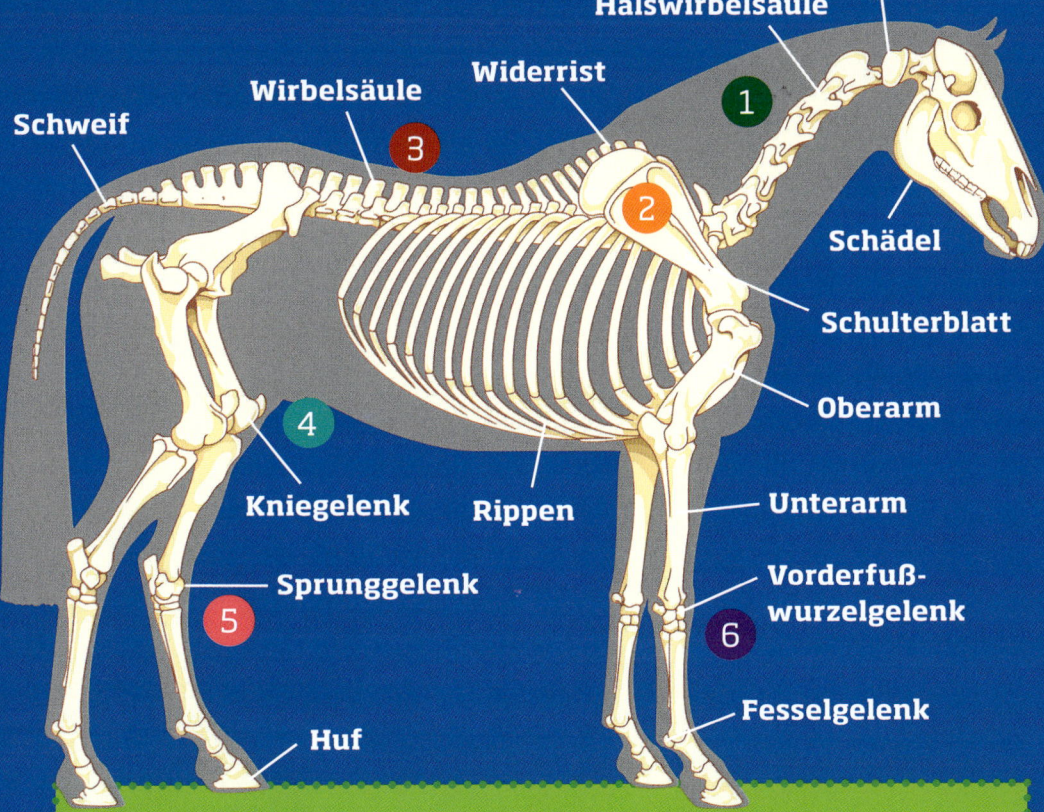

Genick · Halswirbelsäule · Widerrist · Wirbelsäule · Schweif · Schädel · Schulterblatt · Oberarm · Kniegelenk · Rippen · Unterarm · Vorderfußwurzelgelenk · Fesselgelenk · Sprunggelenk · Huf

Das Knochenskelett
Fast alle Säugetiere haben sieben Halswirbel **(1)** – auch das Pferd. Je länger der Hals des Tieres, desto länger sind die Wirbel. Das Schulterblatt **(2)** bewegt sich, wenn sich das Vorderbein bewegt. Anders als Menschen haben Pferde kein Schlüsselbein. An der Wirbelsäule **(3)** kann man die Dornfortsätze fühlen. Das sind kleine Knochen, die sich an jedem Wirbelbogen der Wirbelsäule befinden. Bei jeder Bewegung des Kniegelenks **(4)** ändert auch die Kniescheibe ihre Position. Das Sprunggelenk **(5)** besteht aus mehreren Knochen. Das Vorderfußwurzelgelenk **(6)** wird auch Karpalgelenk genannt.

So sprechen Pferde

Angeberwissen

▶ Pferde verstehen uns Menschen vor allem, weil sie auch unsere Körpersprache lesen. Sie wissen sofort, ob jemand ängstlich oder mutig ist.

▶ Mithilfe der Körpersprache kann man ein Pferd auch trainieren: In der Freiarbeit läuft es ohne Strick und Longe – nur durch die Körpersprache des Menschen dirigiert.

> Augen auf und aufgepasst!

Pferde sprechen keine Lautsprache so wie wir. Sie verständigen sich mithilfe ihres Körpers. Auch wenn sie natürlich wiehern, wenn sie ihre Freunde vermissen oder ein Fohlen seine Mutter ruft, setzen sie untereinander hauptsächlich Körpersprache ein. So zeigen sie zum Beispiel mit ihren Ohren, ihrem Gesichtsausdruck und Gebärden ihre Stimmung.

Achtung, aufgepasst!

Mit dem Körper kann ein Pferd einem anderen zeigen, was es von ihm möchte: Mit der etwas zur Seite gedrehten Schulter lädt es einen Artgenossen ein, näher zu treten. Mit dem drohend zugedrehten Hinterteil kann es warnen: »Bis hier hin und nicht weiter!«

Aufmerksam

Ein aufgeregtes Pferd läuft auf und ab, hebt Kopf und Schweif. Wenn es einem anderen Pferd imponieren will, hebt es den Hals und seine Schritte werden höher und erhabener. Aber auch wenn es frisst oder nur ein bisschen döst, wird ein Pferd immer wieder den Kopf heben und sich aufmerksam umschauen – sicher ist sicher! Schließlich muss es einen Feind rechtzeitig erkennen und fliehen können.

> Nix wie weg hier!

Pferde sind Fluchttiere und deshalb laufen sie weg, wenn ihnen etwas nicht geheuer ist. Je mehr sie sich erschrecken, desto weiter laufen sie.

Zeig die Ohren!

Ein Pferd, das so deutlich die Ohren anlegt, droht. Es ist eindeutig bereit zu beißen, wenn man sich ihm weiter nähert.

Das ist mir alles nicht geheuer!

Angst

Ein Pferd, das Angst hat, erkennt man an den weit geöffneten Augen und den geweiteten Nüstern. Aufgeregt schaut es den Gegenstand an, vor dem es sich fürchtet, und der ganze Körper ist auf eine schnelle Flucht eingestellt. Manch ein aufgeregtes Pferd schnaubt und prustet laut. Andere Pferde hören dann sofort, dass es fluchtbereit ist.

Gäääähn, ich bin so müüüüde!

Schlafenszeit

Auch der Körper des Pferdes signalisiert, ob es aufgeregt oder müde ist – oder ob es einfach döst. Gerade das dösende Pferd wird oft falsch verstanden: Wenn es ein Hinterbein aufstellt, dann ist es ganz besonders entspannt und möchte vielleicht ein bisschen Ruhe haben. Es droht aber auf keinen Fall.

Flehmen

Beim Flehmen versucht das Pferd, besondere Gerüche zu erkennen. Die hochgestülpte Oberlippe soll den Geruch besser an das Jacobsonsche Organ in der Nase weiterleiten.

Aufgepasst, ich flehme!

→ **Flehmen**

Komm mir nicht zu nahe!

Drohen und kämpfen

Pferde kämpfen eigentlich nicht gerne. Aber wenn doch einmal einem nervigen Mitbewohner Grenzen aufgezeigt werden müssen, dann werden auch mal die Hinterbeine eingesetzt. Meistens reicht es aber schon, nur drohend ein Bein zu heben oder den Gegner vor sich herzutreiben. Stuten schlagen zum Beispiel mit den Hinterbeinen aus, wenn ein Hengst ihnen zu nahe kommt, obwohl sie noch nicht bereit zur Paarung sind.

Ich mag dich, du mich auch?

Weil ich dich mag

Wenn ein Pferd ein anderes beknabbert, dann sind die beiden Freunde! Befreundete Tiere pflegen sich oft gegenseitig das Fell und beseitigen so auch juckende Stellen. Sie kraulen sich ebenso häufig den Hals oder den Rücken. Durch diese eindeutig freundliche Körpersprache zeigen sie sich ihre Zuneigung!

Süße Fohlen

Wer ist klein und süß?

➜ Schon gewusst?

Mit ihren langen Beinen sind Fohlen einfach nur niedlich! Zudem sind sie auch ganz schön schnell und können ohne Probleme mit ihrer Herde mitlaufen.

Am besten ist es, wenn die Fohlen gemeinsam mit anderen Fohlen und einer ganzen Herde zusammen laufen können.

Wir sind gern gemeinsam unterwegs!

Fohlen werden nach einer Tragzeit, so heißt die Schwangerschaft bei Stuten, von elf Monaten geboren. Sobald sich der Bauch der schwangeren Stute deutlich nach unten abgesenkt hat, dauert es bis zur Geburt nicht mehr lange. Dann sind auch schon kleine Tropfen Milch am Euter zu sehen. Jetzt wird es spannend! Der Züchter wird jetzt achtgeben, wann die Stute ihr Fohlen bekommt, falls sie Hilfe braucht. Manchmal benutzt er dafür ein sogenanntes Birth-Control-System, das kontrolliert, wann die Geburt beginnt. Dann schlägt es Alarm, den sich der Züchter sogar an sein Handy senden lassen kann.

Nach der Geburt

Kaum auf der Welt, versucht das Fohlen schon, auf seinen vier wackeligen Beinen zu stehen. Sanft schubst die Mama es dann an, damit es den Weg zum Euter findet. Die erste Milch, die es bei der Stute trinkt, ist nämlich ganz besonders wichtig. Sie enthält für das Fohlen lebenswichtige Stoffe und stärkt seine Abwehrkräfte, damit es nicht so leicht krank wird.

Kindergarten

Fohlen leben am besten mit anderen Stuten und Fohlen zusammen. Eine Gruppe, in der nur ältere Pferde leben, ist nicht artgerecht. Fohlen brauchen eine Art Kindergarten, in dem sowohl Gleichaltrige als auch ältere Tanten und Onkel sind, die sie erziehen. Wenn sie etwas älter sind und ihre Mutter nicht mehr brauchen, wollen sie dennoch nicht alleine sein und suchen sich andere Pferde als Gesellschaft.

Erste Menschenkontakte

Fohlen sollten sich natürlich ebenso an Menschen gewöhnen. Am Anfang genügt es, wenn sie lernen, dass auch Menschen zu ihnen kommen und sie streicheln. Da zudem die Stute von Menschen versorgt wird, erkennt das Fohlen früh, dass es keine Angst vor ihnen haben muss. Schon bald kann man ihm dann ganz spielerisch ein Halfter anziehen und es am ganzen Körper berühren. Auch Hufegeben kann es schon recht früh lernen.

Willkommen!

Meist bekommt die Stute das Fohlen in der Nacht, denn dann ist es am ruhigsten. Sie sucht sich einen geeigneten Platz und legt sich zur Geburt hin. In den meisten Fällen verläuft alles ohne Probleme. Daher ist menschliche Hilfe selten nötig. Das Fohlen kommt schließlich mit dem Kopf zwischen seinen Vorderbeinen zur Welt. Das Erste, was man also sieht, sind die kleinen Hufe. Die sehen schon richtig perfekt aus! Wenn es geboren wird, ist das Fohlen noch von der Eihülle bedeckt. Diese wird danach von der Stute abgeschleckt. So wird das Fohlen nicht nur sauber, sondern es ist auch der erste Kontakt zu seiner Mutter.

1

Vom Fohlen zum Reitpferd

Das erste halbe Jahr lebt das Fohlen bei seiner Mama und wird gesäugt. In der Natur trinken Fohlen oft noch viel länger Milch, aber in der Zucht werden Stuten und Fohlen meist nach sechs bis neun Monaten getrennt. Das Fohlen zieht dann auf eine Fohlenweide um. Nun wird es Jährling genannt. Mit zwei Jahren ist es dann ein Zweijähriger und bei manchen Rassen wird es als Dreijähriger bereits angeritten. Warm- und Vollblutpferde beginnen früh mit der Arbeit; viele Ponys, so wie die Isländer, dürfen länger im Kindergarten bleiben. Für sie beginnt das Reiten erst mit vier oder fünf Jahren.

2

Eihülle

Jetzt dauert es nicht mehr lange und die Stute bekommt ihr Fohlen.

Stute und Fohlen sind erschöpft von der Geburt. Sie haben sich eine kurze Pause verdient.

Der Weg zur Zucht

Damit die Stute überhaupt tragend wird, muss der Hengst sie decken. In manchen Herden passiert das ganz natürlich; manchmal möchte der Mensch aber auch einen bestimmten Hengst für seine Stute aus- wählen. Dieser Hengst hat vielleicht besonders schöne Gangarten oder kann sehr gut springen. Da er aber nicht mit allen Stuten zusammenleben kann, wird die Stute aus ihrem Stall zu ihm gebracht und an der Hand gedeckt, das heißt, der Hengst wird währenddessen am Halfter oder an der Trense gehalten.

3

Unglaublich!
Ein bis zwei Stunden nach der Geburt steht das Fohlen schon auf eigenen Beinen!

Grasen
Nach ein paar Wochen kann das Fohlen schon etwas Gras fressen. Nach zwei oder drei Monaten kann man auch Kraftfutter zufüttern.

Säugen
Spätestens zwei Stunden nach der Geburt trinkt das Fohlen zum ersten Mal Milch. Insgesamt trinkt es später etwa fünf bis sechs Mal am Tag.

Achal Tekkiner

Tekken, wie sie auch genannt werden, wachsen in ihrer Heimat noch sehr frei auf.

➡ Schon gewusst?

Nicht nur der Körperbau der Achal Tekkiner ist außergewöhnlich, sondern auch ihre Farbe: Ihr Fell hat einen Goldstich, der besonders bei Füchsen, Falben und Isabellen gut zu erkennen ist.

Der Achal Tekkiner wird als der Windhund unter den Pferden bezeichnet. Das liegt daran, dass er so schlank ist und extrem ausdauernd wie auch sehr schnell laufen kann. Ursprünglich wurde diese Rasse vor über 3 000 Jahren für Rennen gezüchtet. Damit gehören Achal-Teke-Pferde zu einer der ältesten Rassen der Welt. Ihre Heimat liegt in Turkmenistan. Dort leben die Tiere noch in halbwilden Herden, die man Tabunen nennt. Gezüchtet wurden sie zuerst von der ehemaligen UdSSR, dem heutigen Russland, bis nach Afghanistan. Damals wie heute sind diese Pferde wegen ihrer Widerstandsfähigkeit aber überall auf der Welt begehrt. Sie haben sich den schwierigen Bedingungen der heimatlichen Wüstenlandschaft extrem gut angepasst: Sie sind sehr genügsam und kommen mit wenig Futter und Wasser aus. Selbst die enorme Hitze scheint den Wüstenpferden nichts auszumachen.

Steckbrief

Achal Tekkiner, Tekke, Achal-Teke-Pferd

- -

Herkunft: Turkmenistan

Größe: 154–168 Zentimeter

Farben: alle Farben, oft Braune und Füchse mit Goldstich

Nach den üblichen Kriterien für Reitpferde hat der Tekke keinen idealen Körperbau. Dennoch überzeugen die Tiere durch ihren Leistungswillen und ihre Ausdauer.

Aegidienberger

→ Schon gewusst?

Benannt wurden die Pferde nach Walter Feldmanns Gestüt Aegidienberg. Die Aegidienberger ähneln den Isländern: Sie haben auch viel Langhaar, sind aber etwas größer. Zuchtziel ist es, die Robustheit des Isländers und das Temperament der Paso Peruanos zu bewahren.

Steckbrief

Aegidienberger

- - - - - - - - - - - - - - - - - - - -

Herkunft: Deutschland
Größe: 140–150 Zentimeter
Farben: alle Farben

Schrittweise
Der Aegidienberger ist ein ideales Gangpferd: temperamentvoll und groß genug für einen Erwachsenen.

Aegidienberger sind eine relativ junge Rasse, die in Deutschland entstanden ist. Der Islandpferdezüchter und Trainer Walter Feldmann begann mit der Zucht, um etwas größere Gangpferde zu erhalten, also Pferde, die den Tölt der Isländer zeigen, aber nicht ganz so klein sind. Da auch Paso Peruanos Gangpferde sind, also Pferde mit Töltveranlagung, begann er, diese mit Isländern zu kreuzen. Gezüchtet werden die Aegidienberger nach der 5/8-Methode: Zunächst kreuzt man ein Islandpferd mit einem Paso Peruano. Die daraus entstehenden Pferde gehören zur sogenannten F1-Generation (50 Prozent Paso Peruano, 50 Prozent Islandpferd) und werden wieder mit Islandpferden gekreuzt. Die nächsten Fohlen werden R1-Generation genannt und haben 25 Prozent Paso- und 75 Prozent Isländeranteil. Kreuzt man dann ein R1-Pferd mit einem F1-Pferd, so hat deren Nachkomme drei Achtel Paso- und fünf Achtel Islandpferdeblut. Züchtet man mit diesen Pferden weiter, bleiben die Anteile der beiden Rassen bei den weiteren Aegidienbergern gleich.

Aegidienberger sind noch eher selten und es gibt erst wenige Züchter.

Altér Real

Die Levade, das steigende Pferd unter dem Reiter, gehört zur Hohen Schule. Eigentlich werden die Pferde aber nicht ganz so hoch aufgerichtet.

Ich lerne gerne!

Die Altér-Real-Pferde sind eine besondere Lusitano-Zuchtrichtung. Die Pferde stammen aus dem portugiesischen Nationalgestüt Altér in Altér do Chão, das im 18. Jahrhundert von König João IV. gegründet wurde. Dort wollte man königliche (portugiesisch »real«) Pferde züchten und begann mit etwa 50 Andalusierstuten aus Jerez de la Frontera in Spanien. Die eigentlich für das portugiesische Königshaus gezüchteten Pferde sind sehr intelligent und sensibel. Man sagt ihnen aber ebenso nach, dass sie etwas eigenwillig sind. Auf jeden Fall sind sie temperamentvoll. Sie eignen sich ganz besonders für die Hohe Schule und auch zum Stierkampf. Nachdem die Monarchie zu Beginn des 20. Jahrhunderts auch in Portugal abgeschafft worden war, gab es immer weniger königliche Altér Real. Inzwischen kommt die seltene Rasse aber wieder häufiger vor und wird weitergezüchtet.

➡ Schon gewusst?

Heute werden die Altér Real für die Escola Portuguesa de Arte Equestre, die Portugiesische Schule der Reitkunst gezüchtet. Dort pflegt man die traditionelle Reitkunst.

Kraftvoll
Die Hohe Schule liegt den Altér Real im Blut!

Steckbrief

Altér Real

- - - - - - - - - - - - - -

Herkunft: Portugal
Größe: 152–163 Zentimeter
Farben: oft Braune

Auffällige Farbe
Im Gegensatz zu den Lusitanos sind die Altér Real meistens braun.

A wie ...

American Saddlebred

Das American Saddlebred war ursprünglich ein Gebrauchspferd für die Plantagenbesitzer des 18. Jahrhunderts im Süden der USA, die weite Strecken abreiten mussten. Es wurde auch als Wagenpferd genutzt. Seine Gangveranlagung, also der Tölt oder Pass, macht das Saddlebred angenehm zu sitzen, während seine Beinarbeit dabei einzigartig scheint. Zudem haben die Pferde einen hoch angesetzten Hals, sodass sie stolz und elegant wirken. Leider werden sie heute vielfach nur noch als Showpferde gezüchtet. Bei den Vorstellungen sollen sie ihren ausdrucksvollen Tölt zeigen, der häufig durch zu lange Hufe begleitet wird. Um die Eleganz der Tiere noch zu unterstreichen, schrecken einige Besitzer nicht einmal vor einer Schönheitsoperation bei ihren Pferden zurück, damit der Schweifansatz noch höher angesetzt aussieht. Pferdefreundlich ist das nicht!

Perfekte Schönheit

Mähne und Schweif in Überlänge – so wird das American Saddlebred für die Show präsentiert.

➡ Schon gewusst?

American Saddlebreds können drei- und fünfgängig ausgebildet werden: Die Dreigänger gehen Schritt, Trab und Galopp. Bei den Fünfgängern kommen noch Slow Gait und Rack hinzu.

Besonderer Gang

Der Gang der Saddler ist sehr auffällig. Damit er noch höher ist, wird mit vielen Tricks gearbeitet.

Der Kentucky- oder Virginia-Saddler, wie man die Pferde auch nennt, macht ebenso vor der Kutsche eine gute Figur!

Hoch getragener Schweif

Steckbrief

American Saddlebred, American Saddle Horse

- - - - - - - - - - - - - - - - -

Herkunft: USA

Größe: 150–160 Zentimeter

Farben: Braune, Füchse

A wie ... Anglo-Araber

Anglo-Araber wurden ursprünglich für das berittene Heer, die Kavallerie, gezüchtet. Sie haben sowohl Merkmale der Englischen als auch der Arabischen Vollblutpferde. Jedoch ähneln die einen eher einem Vollblut und sehen wie schlanke Rennpferde aus und die anderen erinnern mehr an Warmblutreitpferde. Die Rennpferde haben oft einen hohen arabischen Anteil. Die größeren und kräftigeren Anglo-Araber sind hervorragende Reitpferde. Ihre Leistungen in Dressur und Springen sind zwar oft geringer als die der modernen Warmblutpferde, aber in der Vielseitigkeit sind sie sehr begabt. Anglos sind berühmt für ihre Ausdauer und Geschicklichkeit.

Was für ein Galopp! Voller Kraft und Temperament!

Das Rennpferd
Viele Anglos sehen aus wie Vollblüter.
Sie haben den schlanken Körperbau der Galopper.

Steckbrief

Anglo-Araber

- -

Herkunft: Frankreich

Größe: 155–168 Zentimeter

Farben: oft Füchse, Braune, Schimmel

Blesse
Diese Stute hat die Form der Blesse an ihr Fohlen weitervererbt.

> Schau mal, Mama, der Appaloosa hat so schöne Flecken!

➡ Schon gewusst?

Anglo-Araber sind in Frankreich zwar noch recht häufig, aber es werden immer weniger von ihnen gezüchtet. Der Grund dafür sind die Warmblutpferde Selle Français, die als Reitpferde deutlich beliebter sind.

Appaloosa

Braun oder weiß

Die Haut der Appaloosas ist ebenfalls gefleckt – und der Huf ist sogar gestreift!

Streifen

Pferd oder Hund?

Appaloosas sind sehr auf den Menschen bezogen und anhänglich. So manch ein Appaloosa-Besitzer bezeichnet sein Pferd deshalb auch als großen Hund.

Die Appaloosas sind eine amerikanische Pferderasse. Sie wurden schon von den Ureinwohnern, den Nez-Percé-Indianern, gezüchtet. Deren Weidegebiete lagen am Palouse River, von dem der Name Appaloosa abgeleitet wurde. Die Indianer züchteten fleißige und trittsichere Pferde, die sich noch heute vor allem zum Westernreiten eignen. Das Besondere an den Appaloosas ist ihre Farbe: Viele sind Tigerschecken, manche haben nur ein geschecktes Hinterteil, andere nur wenige dunkle Flecken – jedes Pferd ist unverwechselbar. Ihr Körperbau ist eher kurz und kräftig. Daher liegen ihnen schnelle Wendungen und auch die Arbeit mit Rindern fällt ihnen aufgrund des ihnen angeborenen Cowsense sehr leicht.

Angeberwissen

▶ Bei Appaloosas gibt es sechs unterschiedliche Fellmuster – von einfarbig bis gefleckt oder gepunktet: Blanket, Spots, Roan, Roan Blanket, Roan Blanket with Spots, Solid.

Steckbrief

Appaloosa

- -

Herkunft: USA

Größe: 142–165 Zentimeter

Farben: alle Farben, oft Tigerschecken oder Leopardschecken

Araber

Auffällig

Viele Araber haben die typische Stirn-Nasen-Linie, die nach innen gewölbt ist: Man nennt das Hechtkopf.

Hechtkopf

Steckbrief

Araber, Arabisches Vollblut

- -

Herkunft: Arabische Halbinsel

Größe: 148–158 Zentimeter

Farben: alle Farben, oft Schimmel

Die Hufe berühren kaum den Boden, wenn ein Araber über die weiten Wiesen schwebt, seinen Hals streckt und in die Luft schnaubt. Dieses Prusten ist es, zusammen mit den weit geöffneten Nüstern und der hohen Kopfhaltung, das dem Araber den Namen »Trinker der Lüfte« eingebracht hat. Araber lieben die Weite. Sie stammen ursprünglich aus der Wüste und sind daher lange Strecken und große Hitze gewohnt. Die schlanken und eleganten Pferde haben sich diesem Lebensraum perfekt angepasst: Sie können so schnell laufen wie Windhunde, ermüden nur langsam und sind sehr widerstandsfähig. Das arabische Pferd ist faszinierend und wunderschön. Nicht zuletzt deshalb entstanden rund um den Araber zahlreiche Legenden. Man sagt den schnellen Arabern auch nach, dass sie etwas hektisch und

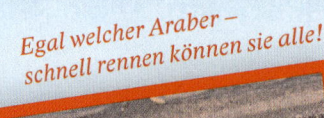
Egal welcher Araber – schnell rennen können sie alle!

Angeberwissen

▶ Der Begriff »Araber« ist nur eine Sammelbezeichnung.

▶ Zu den Arabern gehören die Rassen Arabisches Vollblut, Shagya-Araber, Angloaraber, Arabisches Halbblut und Arabische Rasse.

▶ Zu den Pferden der Arabischen Rasse, die meist nur Araber genannt werden, gehören jene Tiere, deren Abstammung sich nicht eindeutig einer der anderen Araberrassen zuordnen lässt.

schreckhaft seien. Aber eigentlich sind sie nur besonders aufmerksam und reaktionsschnell. Das ist genau richtig, wenn man ein Pferd sucht, dass neugierig ist und rasch Neues lernt. Beim Reiten eignen sich Araber für fast alle Disziplinen: Dressur, Springen, Western und natürlich Distanzreiten. Sie können bis zu 160 Kilometer an einem Tag laufen! Auf Dressur- und Springturnieren sind sie aber in der Regel nicht so erfolgreich wie die größeren Warmblutpferde.

Wetterfest

Obwohl die Araber aus den heißen Wüstenregionen stammen, fühlen sie sich auch bei uns sehr wohl. Sie können ohne Probleme sogar im Winter im Offenstall leben. Allerdings brauchen sie unbedingt einen wetterfesten Unterstand, denn Regen mögen viele von ihnen nicht so gerne.

Temperament

Araber sind alles andere als langsam: Sie haben viel Energie und brauchen genügend Bewegung. Langeweile bekommt ihnen gar nicht!

Der Araber wird häufig als Showpferd eingesetzt. Dennoch braucht er auch viel Freilauf, um sich austoben zu können.

Ich bin nicht nur hübsch, sondern auch schnell!

Ab nach draußen

Araber sind sehr bewegungsfreudig, verspielt und aufmerksam. Sie leben nicht gerne eingeschlossen in einer Box. Am liebsten sind sie jeden Tag draußen. Egal wie das Wetter ist! Selbst Kälte schreckt die Wüstenpferde nicht ab. Und im Schnee herumzutollen macht ja auch richtig Spaß!

Beduinenzelt

➡ Schon gewusst?

Eine ganz besonders edle Abstammung haben asile Araber. Ihre Herkunft lässt sich bis zur Zucht der arabischen Beduinen zurückverfolgen. Man sagt, dass die Pferde, vor allem die Stuten, bei den Beduinen mit im Zelt gelebt haben sollen.

Araber-Berber

Araber-Berber kommen auch als Falben oder Palominos vor.

Bei den Fantasia-Reiterspielen in Nordwestafrika können mehr als tausend Reiter mitwirken.

Araber-Berber sind den iberischen Pferden, also den Spaniern und den Portugiesen, nicht unähnlich: Sie eignen sich ebenso für die Klassische Dressur und sind sehr kompakt und wendig. Da Araber-Berber eine Mischung aus Arabern und Berbern sind – wobei der Anteil der Rassen unterschiedlich sein kann –, ähneln sie optisch beiden Rassen. Meistens sind sie aber kräftiger als reine Araber und haben etwas weniger feine Köpfe. Araber-Berber gelten als ausgesprochen belastbare Reitpferde und sind auch noch auf den jahrhundertealten Fantasias, den Reiterspielen Marokkos, zu bewundern. Aufgrund ihrer großen Beliebtheit und Verbreitung in ganz Nordafrika haben sie die traditionelle Zucht der reinen Berber fast vollständig verdrängt.

Kriegerisch herausgeputzt

Schon gewusst?

Es gibt nicht nur Zuchten in Nordafrika, wie in Tunesien, Algerien und Marokko, sondern auch in Deutschland.

Steckbrief

Araber-Berber

Herkunft: Marokko

Größe: 140–155 Zentimeter

Farben: alle Farben, oft Schimmel

Temperament

Araber-Berber sind temperamentvoll, aber manchmal auch sehr verspielt.

Ardenner

Mit Kraft durch die Berge

Die Ardennen sind ein Gebirge, das sowohl zu Frankreich als auch zu Belgien und Luxemburg gehört. Hier liegt die Heimat der Riesen mit dem Ramskopf.

Steckbrief

Ardenner

- - - - - - - - - - - - - - - - - - -

Herkunft: Belgien, Frankreich, Luxemburg

Größe: 155–162 Zentimeter

Farben: oft Füchse wie auch Braune mit Stichelhaar und Schimmel

Massig

Wenn ein Ardenner über die Weide trabt, bebt der Boden.

Der Ardenner ist eine der ältesten Pferderassen der Welt. Er stammt vom prähistorischen Solutré-Pferd ab. Mit ihrem Gewicht bis zu einer Tonne waren die kräftigen Kaltblüter schon immer gute Zugpferde und für die landwirtschaftliche Arbeit geeignet. Es gibt aber auch Zuchtrichtungen, die mit Arabern veredelt wurden. Seit dem 19. Jahrhundert wurden Percherons und Belgische Kaltblüter eingekreuzt, wodurch die Ardenner größer und schwerer wurden. Leichtere Pferde versucht man bei der Zucht der Aratel zu bekommen: Dabei wird ein Ardenner mit einem Araber gekreuzt. Die reinen Ardenner werden heute zudem als Reitpferde genutzt, da sie ein freundliches Temperament besitzen. Der Ardenner ist nämlich für ein Kaltblut durchaus recht lebhaft, aber robust in der Haltung.

Echt stark!

Die Zugkraft der Ardenner ist unglaublich! Manchmal sieht man sie deshalb auch bei Zugleistungswettbewerben um die Wette ziehen.

Fesselbehang

Unglaublich!

Die Ardenner begleiteten wegen ihrer Robustheit und ihrer Genügsamkeit sogar Napoleon auf seinem Russlandfeldzug.

A wie ... Arravani

Die griechische Heimat der Arravanis ist sehr bergig.

Der Arravani ist ein robustes Pony mit kurzem Rücken, oft wallender Mähne und manchmal mit der Veranlagung zu Tölt und Pass. Arravanis sind sehr selten. Es gibt zwar in Deutschland einen kleinen Zuchtverband, aber in anderen europäischen Ländern sind die Ponys nicht bekannt – ausgenommen natürlich ihre griechische Heimat. Sie sind sehr trittsicher und eignen sich als Freizeit- und Familienponys. Ob als Kutschpferd oder als bequemes Gangpferd, mit einem Arravani kann man fast alles machen. Vor allem weil dieses genügsame Pony sehr unerschrocken ist. Ein hektisches Pferd könnte in der bergigen Heimat der Arravanis gar nicht überleben.

Steckbrief

Arravani

Herkunft: Griechenland

Größe: 135–150 Zentimeter

Farben: alle Farben, keine Schecken

Freizeitspaß

Ein Arravani ist ein tolles Freizeitpferd – auch für Kinder!

> Ich bin kein Pferd, sondern ein Pony!

Angeberwissen

▶ Schon 1000 vor Christus, also vor über 3 000 Jahren, soll es in Griechenland die ersten Vorfahren der heutigen Arravanis gegeben haben.

▶ Über die Jahre hat sich deren Bestand aber stark reduziert. Heute gibt es in Griechenland nur noch zwischen 200 und 300 Arravanis.

Ein Arravani-Fohlen ist etwas ganz Besonderes. Leider sieht man heute nur noch wenige!

Australian Stockhorse

Australian Stockhorses sind in Australien weit verbreitet. Sie stammen ursprünglich von den einstigen Pferden der Siedler ab, den Waler-Pferden – aber auch importierte Vollblüter wurden eingekreuzt. In letzter Zeit wurde das Australian Stockhorse häufig mit amerikanischen Quarter Horses gekreuzt. Das Ziel dieser Zucht waren Pferde, die für die tägliche Arbeit mit Rinderherden ebenso geeignet sind wie für Dressur, Springen oder Polo. Ihren Namen Australian Stockhorse haben die Tiere ihrer Arbeit zu verdanken; schließlich ist »stockman« der australische Begriff für den Rinderhirten, der häufig auf diesen Pferden seine Herde zusammengetrieben hat. Australian Stockhorses sind für das Westernreiten ebenso begabt wie für die englische Reitweise. Viele dieser Pferde haben sogar großes Springtalent.

Dressur und Springen können die Australian Stockhorses oft sehr gut.

➡ Schon gewusst?

Der Ursprung der Rasse liegt bei den Waler-Pferden. Diese waren eher bunte Mischungen aus den Pferden der ersten Siedler. Heute versucht man, die mittlerweile vom Aussterben bedrohte Rasse wiederaufzubauen.

Das Stockhorse mit seinem »stockman«, dem Rinderhirten.

Steckbrief

Australian Stockhorse

- -

Herkunft: Australien

Größe: 145–165 Zentimeter

Farben: oft Braune

Wir können fast alles ...

In Australien trifft man die Stockhorses recht häufig an.

Azteke

Erst 1972 begann man in Mexiko, Andalusier- und Lusitano-Hengste mit Criollos und Quarter Horses zu kreuzen. Die Azteken sind also eine der jüngsten Rassen der Welt. Das Ziel war ein Pferd, das robust ist wie ein Quarter Horse oder ein Criollo und die Gangarten der Spanier oder Portugiesen besitzt: also ein wendiges, kompaktes, aber kräftiges Pferd mit stolzen Bewegungen. Inzwischen kreuzt man Andalusier- oder Lusitano-Hengste oft mit Quarter-Horse-Stuten. Die Azteken sind zur Rinderarbeit, also zum Hüten der großen Herden ebenso geeignet wie zum Freizeitreiten. Den Verband für eine kontrollierte Zucht dieser Pferde gibt es erst seit 1982. Auch andere Pferde, bei denen Vollblüter mit Lusitanos gekreuzt werden, werden manchmal Azteken genannt, auch wenn sie nicht als solche eingetragen sind.

Steckbrief

Azteke

Herkunft: Mexiko

Größe: 150–155 Zentimeter

Farben: alle Farben, oft Braune, keine Schecken

Bunte Mischung

Ein Azteken-Fohlen kann von Criollos, Quarter Horses, Lusitanos oder Andalusiern abstammen.

Edle Köpfe

Die meisten Azteken haben feine, edle Gesichter wie die Quarter Horses.

Angeberwissen

▶ In den USA wird die amerikanische Variante der Azteken gezüchtet: der American Azteca.

▶ Bei den American Aztecas sind auch Schecken erlaubt und die Tiere dürfen zudem größer sein als ihre mexikanischen Verwandten.

Der Azteke ist kräftig und durchaus auch zur Rinderarbeit geeignet.

Bardigiano

Bardigianos sind nicht sehr bekannt. Früher kannte man sie fast ausschließlich in ihren Herkunftsgebieten in Italien. Von hier stammt auch ihr Name: Die Bardigianos wurden nach der Stadt Bardi im oberen Ceno-Tal benannt. Ursprünglich sollen die trittsicheren Ponys die italienischen Ritter getragen haben, doch im letzten Jahrhundert gab es immer weniger der kräftigen und sehr genügsamen Ponys. Sie wurden nur noch zur Maultierzucht eingesetzt oder trugen ab und an Touristen durch die Region. Doch inzwischen gibt es in Italien wieder über 3 000 Bardigianos, sodass die Rasse nicht mehr vom Aussterben bedroht ist. Vereinzelt gibt es sie auch in Deutschland. Bardigianos eignen sich gut als Freizeitpferde.

Kraftvoll

Bardigianos sind alles andere als zierlich. Sie sind sehr kräftig und tragen ohne Weiteres einen Erwachsenen.

Steckbrief

Bardigiano

- - - - - - - - - - - - - - - - - - -

Herkunft: Italien

Größe: 135–149 Zentimeter

Farben: oft Rappen und Braune

Einzigartig
Die Ponys sind selten. So eine Kutsche ist daher ein ganz besonderer Anblick!

Bardigianos wurden erst 1977 als Rasse anerkannt.

➜ Schon gewusst?

Bardigianos erinnern an Dales- oder Merens-Ponys. Sie sind ebenso kompakt und kräftig.

Baschkire

Baschkiren sind freiheitsliebende Pferde, ihre Heimat ist die Steppe.

Baschkiren kommen aus Baschkirien, daher ihr Name. Sie eignen sich auch für die Feldarbeit.

Baschkiren sind kleine, kräftige Ponys, die im Winter ein wärmeres, lockiges Fell bekommen, um den eisigen Temperaturen in ihrer Heimat trotzen zu können. Sie leben in der Steppe südlich des Uralgebirges. Dort wurden sie als Trag- und Reittier genutzt, ihr Fell wurde zu Wolle gesponnen und sie versorgten die Menschen mit Milch. Neben der ungewöhnlich vielen Milch, die die Stuten geben, ist auch die Arbeitskraft der Pferde etwas Besonderes. Man erzählt sich bis heute, dass die kleinen Pferde einen schweren Schlitten bemerkenswert lange und weit ziehen können.

Angeberwissen

▶ 2700 Liter Milch sollen Baschkiren-stuten geben können während der acht bis neun Monate, in denen sie ein Fohlen haben.

▶ Die vergorene Milch wird zu einem leicht alkoholischen Getränk, dem man heilende Kräfte zuspricht.

Steckbrief

Baschkire, Curly Bashkir, Bashkirskaya, Baschkirsky

- -

Herkunft: Russland

Größe: 132–152 Zentimeter

Farben: Falben, Braune, Füchse

➡ Schon gewusst?

Die Locken des Winterfells halten nicht nur die Baschkiren warm, sondern sie haben noch einen Nebeneffekt: Tierhaarallergiker reagieren nicht auf diese Haare.

Bayerisches Warmblut

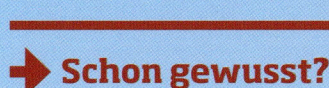

D ie ursprüngliche Zucht in Bayern war die des Rottalers: Der Rottaler war ein schweres Warmblutpferd. Es ist nicht besonders groß, aber kräftig – ein typisches Arbeitspferd für die Bauern. Die Rottaler, also die in Rottal gezüchteten Pferde, sind eine der ältesten Pferdezuchten in Deutschland. Beeinflusst war diese Zucht auch von den schweren Norikern. Der Rottaler wurde dann, als man keine Arbeitspferde, sondern Sportpferde brauchte, mit Hannoveranern und Trakehnern zum Sportpferd »umgezüchtet«. So entstand das Bayerische Warmblut. Es ist inzwischen auch absolut erfolgreich im Sport und das schwere Arbeitspferd von früher ist fast komplett verschwunden. Optisch kann man ein Bayerisches Warmblut nicht mehr von einem Hannoveraner oder Württemberger unterscheiden.

Rottaler

Den traditionellen Rottaler gibt es zwar nicht mehr, aber viele der heutigen Rottaler sind dunkelbraun.

➤ Schon gewusst?

Trauriger Rekord: Der Rottaler steht als »extrem gefährdet« auf der Roten Liste der Gesellschaft zur Erhaltung alter und gefährdeter Haustierrassen.

Steckbrief

Bayerisches Warmblut, Bayer

Herkunft: Deutschland

Größe: 158–170 Zentimeter

Farben: alle Farben, oft Braune und Füchse

Dressur

Rottaler wurden von den sportlicheren Bayerischen Warmblütern völlig verdrängt. Die modernen Bayern sind Sportpferde, die sich für jede Disziplin eignen.

Dressurpferd

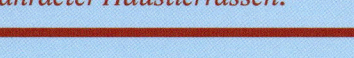

Springreiten

Auch im Springreiten sind Bayerische Warmblutpferde erfolgreich.

Belgisches Kaltblut

Der Belgier ist ein mächtiges Pferd! Wie sein Verwandter, der Ardenner, ist auch das Belgische Kaltblut ein wirklich großes und schweres Pferd – und oft sogar noch größer als dieser. Ein Belgier oder Brabanter, wie er auch häufig genannt wird, kann mehr als eine Tonne wiegen. Das ist in etwa so viel wie ein Kleinwagen! Noch kräftiger wirkten die Pferde, wenn ihnen, wie in Belgien früher leider üblich, der Schweif kupiert wurde. Das Kupieren des Schweifes, also das Kürzen der Schweifrübe, ist zum Glück inzwischen verboten.

Sanftmütige Riesen

Die großen und schweren Belgier gelten als umgänglich und sanftmütig. In der alternativen Landwirtschaft werden sie manchmal noch als Arbeitspferd eingesetzt. Einige wenige ziehen außerdem Wagen für Touristen. Da ihre Zucht sehr aufwendig ist, denn die Fohlen brauchen ganz besonders gute Nahrung, damit sie groß und kräftig werden, wird die Rasse leider immer seltener.

Starke Helfer

(1) *Vor der Kutsche sind Belgier imposant anzusehen!*
(2) *Manchmal werden Belgische Kaltblüter auch noch zur Feldarbeit verwendet.*

Die Rot- oder Braunschimmel behalten ihre Farbe und werden nicht mehr heller.

Steckbrief

Belgisches Kaltblut, Belgier, Brabanter, Flämisches Pferd

Herkunft: Belgien

Größe: 162–172 Zentimeter

Farben: Braunschimmel, Rotschimmel, Füchse

Baumstämm

Rausgeputzt

*Mit verzierten Kummet-
geschirren wirken die
Brabanter festlich und schick!*

Waldarbeit

Schwere Kaltblutpferde wie der Belgier werden inzwischen auch als Holzrückepferde eingesetzt. Das ist eine schwere Arbeit, denn die Pferde ziehen ganze Baumstämme aus dem Wald. Dabei müssen sie sich zentimetergenau lenken lassen; sonst bleibt ihre Last am nächsten Baum hängen und sie kommen nicht mehr voran.

Ein echtes Kaltblut

Ausgewachsen sind die Brabanter sehr massig. Ein kräftiger Kopf, massige Schultern und viele Muskeln. Die Bauern der belgischen Provinz Brabant züchteten früher hauptsächlich sehr kräftige Pferde für die schwere Arbeit auf dem Feld. Seitdem man sie hierfür nicht mehr benötigt, gibt es kaum noch jemanden, der Belgier züchtet. Für den Reitsport sind sie nämlich nicht geeignet und in Belgien selbst züchtet man inzwischen lieber Belgische Warmblutpferde. Die einzigen Wettbewerbe, bei denen man einem Belgier begegnet, sind wohl Zugwettbewerbe und Wett-pflügen. Darin sind Brabanter wirklich ausgezeichnet!

Heute sieht man die zugstarken Pferde auf den beliebten Zugleistungswettbewerben. Dort gewinnt das stärkste Pferd, das die Last am schnellsten zieht.

Ziiiiiieehhh!!!

Angeberwissen

▶ Brabanter soll es schon zu Zeiten der Römer gegeben haben!

▶ Im Mittelalter wurden die Tiere Flamländer Pferd oder Flämisches Pferd genannt.

Berber

Fantasia-Sattel

Die Pferde der Berber, der ursprünglichen Bewohner Nordafrikas, waren begehrte Kriegspferde. In Friedenszeiten maßen die Männer ihre Kraft dann bei kriegerischen Wettkämpfen, den Fantasias. Und auch da waren die Berberpferde nicht wegzudenken. Die Pferde sind zwar nicht besonders groß, dafür aber kräftig und kompakt. Gleichzeitig sind sie trotz allem sehr wendig und außerordentlich schnell. Deshalb eignet sich so ein Berberpferd hervorragend für schnelle Spiele. Doch auch die Klassische Reitkunst liegt ihm. Der Berber hat Talent zur hohen Dressur. Berber spielten bei der Entstehung der Andalusier und Lusitanos wahrscheinlich eine wichtige Rolle. Wie diese sind sie äußerst elegant und fallen durch ihre langen Mähnen auf. Ein Berber ist meist recht temperamentvoll und eignet sich mehr für erfahrene Reiter.

Pferdeshow

Das Volk der Berber präsentiert seine Pferde gern. So können die Tiere zeigen, was sie alles Tolles können!

Edler Kopfschmuck

Für die Fantasia-Reiterspiele werden die Berber ganz besonders herausgeputzt! Sie tragen außerordentlich edle Trensen und reich verzierte Sättel.

Unglaublich!

Die schönen und edlen Berber werden seltener, da die Rasse oft mit Arabern gekreuzt wird. Der Araber-Berber ist ebenfalls zwischen 150 und 160 Zentimeter groß.

Bunte Herde

Berber sind oft Schimmel, aber auch andere Farben kommen vor.

Angeberwissen

▶ Manche Berber haben eine Gangveranlagung – sie können auch tölten.

Steckbrief

Berber

- -

Herkunft: Nordafrika

Größe: 150–160 Zentimeter

Farben: alle Farben, oft Schimmel

Bosniake

Die kleinen, trittsicheren Gebirgsponys soll es schon vor über 2 000 Jahren gegeben haben. Nicht nur in Bosnien, sondern auch in den umliegenden Ländern dienten sie als Lastenponys in den Bergen. Eine Zeit lang wurden auch Araber miteingekreuzt, doch da diese Pferde dann nicht mehr als Lastenträger geeignet waren, hat man die Versuche schließlich aufgegeben. Die Rasse hat während der Kriege auf dem Balkan stark gelitten und es wurden immer weniger Pferde gebraucht. Deshalb wurden in den letzten Jahren immer mehr Kaltblutpferde mit den Bosniaken gekreuzt. Dadurch wurden die Ponys auch etwas größer. Dennoch sind sie aber immer noch äußerst genügsam.

Halbwild
Die Bosniaken leben in ihrer Heimat häufig völlig frei und ohne jede Begrenzung durch Zäune.

Steckbrief

Bosniake,
Bosnisches Gebirgspferd
- -
Herkunft: Bosnien

Größe: 135–145 Zentimeter

Farben: oft Braune und Falben

> In meiner Heimat werde ich Bosanski Brdski Konj genannt.

Seltenheit
In Bosnien gibt es immer weniger Pferde dieser Rasse. In Deutschland werden sie heute häufiger gezüchtet.

➡ Schon gewusst?

Man sagt, dass Bosniaken bis zu einem Drittel ihres Körpergewichts tragen können – das wären dann also etwa 100 Kilogramm!

Fleißig

Auch für die Feldarbeit sind die Bretonen gut geeignet. Sie sind sehr ausdauernd und gut zu halten. Hier sind sie sogar zu zweit eingespannt.

Bretonen sind gutmütig und selbst für Kaltblutpferde ungewöhnlich kräftig. Bei einer durchschnittlichen Größe von 158 Zentimetern wiegen sie bis zu 900 Kilogramm! Von den aus der Bretagne, einer Landschaft an der französischen Atlantikküste, stammenden Pferden gibt es mehrere Zuchtrichtungen, die auch unterschiedlich schwer und kräftig gebaut sind. Die leichteren Bretonen wurden mit den französischen Warmblutpferden, den Selle Français, gekreuzt. Daher gehören diese inzwischen nicht mehr zur Rasse der Bretonen, sondern zu den Selle Français. Die schwereren Bretonen gibt es noch in zwei Zuchtrichtungen: Trait Breton (Bretonisches Zugpferd) und Postier Breton (Bretonisches Postpferd). Der Trait Breton wird heute oft nur noch als Schlachtpferd gezüchtet, aber Bretonen sind auch gute Reitpferde.

Schwergewicht

Bretonen sind zwar schwere Pferde, aber keineswegs behäbig. Wenn fast eine Tonne Pferd galoppiert, ist das schon beeindruckend.

Wilde Landschaft

Die Heimat der Bretonen ist die Bretagne. Sie ist die größte Halbinsel Frankreichs. Die Landschaft dieser Region ist sehr stark von Meer und Küste geprägt.

➡ Schon gewusst?

Bretonen sind eine der wenigen Kaltblutrassen, die nicht vom Aussterben bedroht sind. Es gibt allein in Frankreich mehr als 10 000 Exemplare.

Steckbrief

Bretone

- - - - - - - - - - - - - - - - - - - -

Herkunft: Frankreich

Größe: 155–162 Zentimeter

Farben: oft Füchse, aber auch Schimmel, Braune, Rappen

British Riding Pony

British Riding Ponys sind absolut sportliche, elegante Ponys. Sie werden für den Turniersport gezüchtet und stehen den großen Warmblutpferden in nichts nach – oft sind sie sogar noch sportlicher als ihre großen Verwandten. Sie haben weite, schwungvolle Bewegungen und können häufig recht hoch springen. So ein British Riding Pony ist nicht nur schön anzusehen, sondern meist ziemlich temperamentvoll. Viele von ihnen sind eher für geübtere Reiter geeignet. Zahlreiche jugendliche Reiter erleben mit den Ponys ihre ersten Turnierstarts, vor allem weil es in Großbritannien unzählige Ponyprüfungen gibt. Aber auch Erwachsene haben ihre Freude an den intelligenten Ponys.

Schneeweiß
Die Vorfahren der britischen Sportponys sind meist Welsh Ponys oder Connemaras. Deshalb gibt es viele Schimmel.

Auf den schlauen Ponys können jugendliche Reiter viel lernen.

Elegant und sportlich – das bin ich!

Angeberwissen

▶ Die Reitponys, die in Deutschland gezüchtet werden, stammen oft vom British Riding Pony ab.

Vielfalt
Bei den British Riding Ponys gibt es aber nicht nur Schimmel, sondern auch andere Farben.

Steckbrief

British Riding Pony

Herkunft: Großbritannien

Größe: 122–148 Zentimeter

Farben: alle Farben

B wie ... Brumby

Timorpony
Die Timorponys zählen zu den Vorfahren der Brumbys.

Brumbys sind keine echten Wildpferde. Sie stammen von jenen Pferden ab, die von den Engländern nach Australien gebracht wurden. Zu ihnen gehörten unter anderem Kap-Pferde, Timorponys aus Indonesien, Araber und natürlich auch Englische Vollblüter. Die Pferde haben sich dem Leben in der Wildnis gut angepasst und schnell weiter vermehrt. Leider richten sie im australischen Buschland immer mehr Schäden an und werden deshalb sogar gejagt. Brumbys sind eher scheu und nicht allzu groß. Doch sie sind robust – und wer einen Brumby bekommt, der gefangen und gezähmt wurde, hat ein trittsicheres Freizeitpferd.

➡ **Rekord**

Über

300 000

Brumbys leben angeblich wild in Australien. Damit es nicht zu viele werden, werden sie gefangen und verkauft.

Steckbrief

Brumby

- -

Herkunft: Australien
Größe: 135–150 Zentimeter
Farben: alle Farben, oft Braune

Brauner

Wir sind eine kunterbunte Familie!

Fuchs

Hellpalomino

Die Farben der Brumbys sind so bunt gemischt wie ihre Vorfahren.

B wie ... Budjonny

Marschall Semjon Michailowitsch Budjonny züchtete Pferde für das berittene Militär, die Kavallerie. Hierfür kreuzte er Donpferde mit Englischen Vollblütern – auch Araber wurden eingekreuzt. Das Ziel war ein Pferd, das robust genug ist, in der Steppe ganzjährig draußen zu leben. Aufgrund ihrer Heimatregion, den Steppen am Fluss Don, sind die Pferde sehr widerstandsfähig. Ob Hitze, Kälte oder Trockenheit, sie kommen mit allem sehr gut zurecht. Der Budjonny ähnelt dem Englischen Vollblüter. Die Zucht, die es seit dem 20. Jahrhundert gibt, geht inzwischen mehr in Richtung Sportpferde. Budjonnys sind gute Springpferde und auf Turnieren in Russland sehr erfolgreich.

Hoch zu Ross

Vor etwa 100 Jahren entstand dieses Foto von Marschall Semjon Michailowitsch Budjonny auf seinem Pferd.

Jockey

Rennpferd

Freundschaft

Budjonnys sind Fremden gegenüber eher misstrauisch. Wer einen Budjonny reiten will, muss erst sein Vertrauen gewinnen.

Rasant

Budjonnys sind sehr schnell. Sie werden sogar als Rennpferde eingesetzt.

Steckbrief

Budjonny

- - - - - - - - - - - - - - - - - - - -

Herkunft: Russland

Größe: 158–170 Zentimeter

Farben: alle Farben, oft Braune und Füchse, keine Schimmel

Camargue

Nüstern

Wasserfest

Die Sumpf- und Seelandschaft der Camargue ist die Heimat der weißen Pferde.

Das Camargue-Pferd ist ein widerstandsfähiges Pony, das in der Region Camargue in Frankreich noch recht ursprünglich in Herden lebt. Vom Typ sind die Camargue eher robust: Sie haben große, schwere Köpfe, doch auch jede Menge Temperament! In ihrer Heimat leben sie in den feuchten Sumpfgebieten des Flussdeltas der Rhone am französischen Mittelmeer. Den traditionellen Züchtern ist es wichtig, dass die Pferde in diesem Gebiet aufwachsen. Die jungen Hengste werden von ihnen zur Arbeit aus der Herde herausgefangen, während die Stuten weiter frei in der Region herumlaufen können. Die Guardians, wie die französischen Rinderhirten auch genannt werden, nutzen die Pferde zum Beispiel zum Hüten von Rindern, die ebenfalls im Camargue-Gebiet halbwild leben.

Rasantes Tempo

Unterschätze niemals ein Camargue-Pferd: Auch wenn es klein und etwas pummelig aussehen mag, ist es doch sehr schnell!

➤ Schon gewusst?

Camargue-Pferde können sogar unter Wasser fressen! Dazu verschließen sie einfach ganz fest ihre Nüstern, damit sie kein Wasser einatmen.

Sandbad

Je freier es lebt, desto glücklicher ist das Camargue-Pferd. Sich ausgiebig im Sand zu wälzen, ist für das Tier das Größte!

Furchtlose Helfer

Die Camargue-Pferde verfügen wie zum Beispiel die amerikanischen Quarter Horses über einen sogenannten Cowsense – den Hütetrieb. Für die traditionelle Arbeitsreitweise der Guardians müssen die Pferde sehr wendig und schnell sein. Heutzutage gibt es sogar Wettkämpfe, die aus dieser Reitweise entstanden sind: In der Working Equitation zeigen Camargue-Pferde neben Lusitanos und PREs ihr Talent zum Rinderhüten, für Geschicklichkeits-parcours und für die Dressur. Den eher kleinen Camargue-Pferden liegen dabei mehr die Lektionen der klassischen Reitweise, wie Piaffe und Passage, als die der modernen Dressurprüfungen. Erfahrene Freizeitreiter, die ein mutiges, selbstbewusstes Pony besitzen möchten, haben viel Spaß an einem Camargue-Pferd. Für Anfänger sind die temperamentvollen Pferde jedoch weniger geeignet.

Ganz schön mutig!

Ein Camargue-Pferd ist selten ängstlich. Mutig treibt es mit seinem Reiter eine Herde halbwilder Stiere zusammen.

Steckbrief

Camargue, Camargue-Pferd, Crin Blanc
- -
Herkunft: Frankreich

Größe: 135–150 Zentimeter

Farben: Schimmel

Kraftvoll

Was zwar gefährlich aussieht, ist aber oft nur ein Spiel unter Freunden. Die jungen Hengste messen so ihre Kräfte und ermitteln, wer der Stärkere ist.

Je kleiner, desto dunkler

Schimmel werden dunkel geboren – das gilt auch für die Camargue-Pferde. Oft sind sie braun, wenn sie noch ganz klein sind. Viele Jungpferde sind sogar grau. Im Laufe der Zeit werden sie dann immer heller, bis sie schließlich ganz weiß sind. Manche Camargue sind schon mit zwei Jahren ganz weiß, andere erst mit fünf oder sechs Jahren.

Nur solange ich klein bin, bin ich braun!

C wie ... Chincoteague

Auf den Inseln Chincoteague und Assateague leben die kleinen gescheckten Ponys fast wild. Um sie ranken sich eine Menge Legenden: So erzählt man sich zum Beispiel, dass die Ponys die Überlebenden eines Schiffbruchs waren. Wahrscheinlicher ist aber wohl, dass sie von Menschen direkt auf die Inseln gebracht worden sind. Aber egal, wie sie dort hingekommen sind, noch heute sind sie etwas Besonderes: Einmal im Jahr wird ein Teil von ihnen durch die Meerenge zwischen den beiden Inseln getrieben und anschließend versteigert. Die eingefangenen Ponys, meistens handelt es sich dabei um Junghengste, die aus den Herden herausgeholt wurden, sind gute Reitpferde. Für ihre geringe Größe sind sie sehr schlank und sportlich. Daher erinnern sie mehr an kleine Pferde als an robuste Ponys.

Wasserfest
Einmal im Jahr wird ein Teil der Chincoteagues durch eine Meerenge getrieben und anschließend versteigert.

Steckbrief

Chincoteague, Assateague

- - - - - - - - - - - - - - - - - - -

Herkunft: USA
Größe: 122–147 Zentimeter
Farben: oft Schecken

Strand oder Wald?
Ob am Strand oder unter Bäumen – Hauptsache frei! Die hübschen Ponys fühlen sich draußen am wohlsten.

➤ Schon gewusst?
Finden Chincoteagues nicht genügend Gras oder Sträucher, fressen sie sogar Algen, die von der Strömung an den Strand angeschwemmt werden.

Schwimmer
Der Legende nach sind die Ponys Überlebende eines Schiffbruchs. Doch auch wenn die Chincoteagues gut schwimmen können, ist das wohl nur erfunden.

C wie ...

Classic Pony

Classic Ponys sind eine sehr junge Rasse – erst 1999 wurde sie offiziell anerkannt. Zuvor nannte man diese Ponys »Shetland-Ponys im sportlichen Typ«. Das kam daher, weil bei ihnen Shetland-Ponys mit amerikanischen Classic Shetlands gekreuzt wurden. Auch diese Zucht begann erst 1965 in Deutschland. In die Classic Ponys dürfen aber auch andere Shetland-Ponys hineingezüchtet werden. Wichtig ist, dass das Classic Pony schlank und sportlich ist. Es soll sich als Einsteigerpony für Kinder ebenso eignen wie als kleines Fahrpony für Erwachsene. Dafür sollte es schwungvolle Bewegungen haben und elegant traben können. Und natürlich sollte ein Classic Pony dennoch immer genauso robust sein wie seine stämmigeren Verwandten, die Shetland-Ponys.

Bildhübsch
Vor der Kutsche machen Classic Ponys eine gute Figur!

Kleinere Kinder können auf den Classics auch reiten.

Steckbrief

Classic Pony

- -

Herkunft: Deutschland
Größe: bis 112 Zentimeter
Farben: alle Farben, oft Füchse mit hellem Langhaar

Ich bin klein, aber robust!

➔ Schon gewusst?
Hinter einem Pony mit den Papieren für ein Deutsches Partbred-Shetland-Pony verbirgt sich oft ein Classic Pony.

Dieses Classic Pony mit hellem Langhaar ist sehr typisch – und besonders hübsch!

Cleveland Bay

Ein eher massiges Pferd mit freundlichem, hübschem Gesicht – ein typischer Cleveland Bay!

Steckbrief

Cleveland Bay

- - - - - - - - - - - - - - - - - - - -

Herkunft: England

Größe: 162–172 Zentimeter

Farben: Braune

Unglaublich!

2014 soll es nur noch etwa 550 Cleveland Bays gegeben haben: Sie sind vom Aussterben bedroht. Neuerdings gibt es aber wieder Hoffnung, denn die Zahl der Tiere steigt langsam wieder!

Während es andere Rassepferde oft in vielen unterschiedlichen Farben und Größen gibt, sehen die Cleveland Bays sehr einheitlich aus. Daher eignen sie sich perfekt für das mehrspännige Fahren, denn da nimmt man gerne Pferde, die sich ähnlich sehen und sich möglichst gleichmäßig bewegen. Cleveland Bays sind sehr genügsam. Man sagt ihnen nach, dass sie weniger Futter als andere Pferde brauchen. Aufgrund ihrer hohen Leistungsfähigkeit wurden die kräftigen Braunen in vielen Warmblutzuchten eingesetzt. Leider gibt es nicht mehr viele dieser tollen Pferde; dabei sind sie regelmäßig auf den großen Paraden in London zu bewundern: Die Queen nutzt sie noch als Wagenpferde und setzt sich für den Erhalt der Rasse ein.

Königlich

Die englische Königin schätzt die Cleveland Bays. Auf den Paraden zu Ehren der Queen sieht man die großen Braunen noch regelmäßig.

Seltenes Kutschpferd

Cleveland Bays eignen sich ganz besonders gut als Kutschpferde, weil sie so zuverlässig sind.

C wie ...

Clydesdale

Der Clydesdale sieht aus wie der kleine Bruder des Shire Horse oder der große Bruder des Tinkers. Daher wird er auch oft mit diesen beiden verwechselt. Clydesdales gelten als sehr leistungsstark und können oft mehr Gewicht ziehen als andere, noch kräftigere Pferde. Ursprünglich waren sie die Arbeitspferde der schottischen Bauern, doch inzwischen werden sie dafür nicht mehr benötigt. Ihre Anzahl ist deshalb stark zurückgegangen. Clydesdales werden heute kaum noch gezüchtet. Bekannt wurden die sanften Riesen vor allem durch die Werbespots einer amerikanischen Brauerei, die millionenfach im Internet geteilt werden.

Braun mit viel Weiß – das sind die typischen Farben der Clydesdales.

Steckbrief

Clydesdale

- -

Herkunft: Schottland

Größe: 165–172 Zentimeter

Farben: oft Braune

Bunte Vielfalt

So bunt wie die Clydesdales auf diesem Foto trifft man sie eher selten.

Weil sie so toll aussehen, werden Clydesdales heute noch für Werbezwecke genutzt.

Fesselbehang

Der Fesselbehang, also die langen Haare an den Beinen, ist typisch für Clydesdales und Shire Horses.

➜ **Rekord**

1 Tonne

kann ein ausgewachsenes Clydesdale-Pferd wiegen! Trotz ihres Gewichts können die Pferde aber auch sehr temperamentvoll sein.

C wie ... Comtois

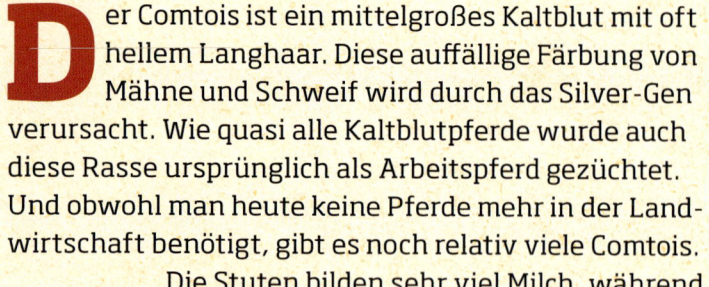

Der Comtois ist ein mittelgroßes Kaltblut mit oft hellem Langhaar. Diese auffällige Färbung von Mähne und Schweif wird durch das Silver-Gen verursacht. Wie quasi alle Kaltblutpferde wurde auch diese Rasse ursprünglich als Arbeitspferd gezüchtet. Und obwohl man heute keine Pferde mehr in der Landwirtschaft benötigt, gibt es noch relativ viele Comtois. Die Stuten bilden sehr viel Milch, während sie ein Fohlen aufziehen; daher werden sie häufig zur Milchproduktion eingesetzt. Die kräftigen Pferde eignen sich auch gut als Wagenpferde. Comtois gelten als unerschrocken, mutig und sehr robust. Ihre Heimat liegt in der französischen Region Franche-Comté, die sehr bergig ist.

Fahrpferde

Heute werden viele Comtois als Fahrpferde genutzt. Deshalb gibt es noch relativ viele ihrer Art.

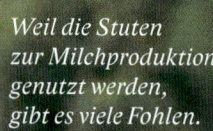

Pflug

Landwirtschaft

Früher war die Arbeit auf dem Feld die Hauptaufgabe der starken Comtois.

Voller Energie

Eigentlich sind Comtois eher ruhige Gesellen, aber dieser hier hat viel Spaß daran, schnell über seine Weide zu galoppieren!

Steckbrief

Comtois

- - - - - - - - - - - - - - - - - - - -

Herkunft: Frankreich

Größe: 150–165 Zentimeter

Farben: Füchse oder Braune mit hellem Langhaar

Weil die Stuten zur Milchproduktion genutzt werden, gibt es viele Fohlen.

C wie ... Connemara

Steckbrief

Connemara

- -

Herkunft: Irland

Größe: 140–148 Zentimeter

Farben: oft Schimmel und Falben

Nachfahren

Bei der Entstehung der Rasse sollen Araber, Berber, Englische Vollblüter, Welsh-Ponys und sogar Kaltblüter beteiligt gewesen sein.

Springpferde

Das Springvermögen der Connemaras ist legendär! Junge Reiter können mit ihnen erste Turniererfahrungen sammeln.

Connemara ist nicht nur der Name für ein alkoholisches Getränk oder eine Region im Westen Irlands, sondern auch für sportliche Ponys. Das Connemara-Pony war ursprünglich einmal das Pferd der irischen Farmer. Die Eignung für das Gelände haben sich die Connemaras bis heute erhalten – doch sie können noch mehr: Viele von ihnen haben ein ausgezeichnetes Talent zum Springen und sind ideale Ponys für Kinder und leichtere Erwachsene. Dabei sind sie robust und genügsam und somit perfekt angepasst an ihre irische Heimat. Das wohl berühmteste Connemara-Mix-Pony hieß Stroller und gewann 1968 bei den Olympischen Spielen in Mexiko die Silbermedaille im Einzelspringen und wurde 36 Jahre alt.

Wir sind echte Sportskanonen!

Connemaras stammen von der grünen Insel Irland. Dort sind sie weitverbreitet.

C wie ... Criollo

Criollos unterscheiden sich je nach Herkunftsland etwas voneinander: Die Criollos in Chile sind zum Beispiel sehr kräftig und meistens Braune, Falben oder Füchse. Die argentinischen Criollos gibt es dagegen in allen Farben und bei den peruanischen Criollos gibt es drei verschiedene Zuchtrichtungen: den schmalen Costeno, den kräftigen Morochuco und den genügsamen Chola. Auch in Brasilien werden unterschiedliche Typen gezüchtet. Was alle Criollos jedoch gemeinsam haben, ist ihr freundliches und unerschrockenes Wesen. Sie sind moderne Reitpferde, die sich auch als Poloponys, Wanderreit- oder Westernpferde gut eignen.

So viele Criollos

(1) Schon die Kleinsten reiten in ihrer südamerikanischen Heimat auf den Criollos. Hier handelt es sich um Palominos.
(2) Es gibt aber auch Schecken.
(3) Tigerschecken sind ebenso keine Seltenheit.

Steckbrief

Criollo

Herkunft: Südamerika
Größe: 138–150 Zentimeter
Farben: alle Farben

Südamerikaner

Criollo ist eigentlich ein Sammelbegriff für alle Ranchpferde Südamerikas.

Curly Horse

Steckbrief

Curly Horse

Herkunft: Nordamerika

Größe: 140–155 Zentimeter

Farben: alle Farben

Lockenpracht

Das Fell der Curlys ist wirklich etwas Besonderes: Locken bedecken ihren ganzen Körper!

C urly Horses stammen von gelockten Mustangs ab. Ihr Name beschreibt die Curly Horses ganz treffend, denn das englische Wort »curly« bedeutet im Deutschen »lockig« – und genau so sehen sie auch aus. Dennoch findet man sehr unterschiedliche Typen unter ihnen: So gibt es schmalere und kräftigere sowie Curlys in Ponygröße oder aber auch über 1,55 Meter große Pferde. Die Tiere mit dem lockigen Fell werden erst seit 1971 gezielt gezüchtet, unter anderem auch in Deutschland. Und das ist gar nicht so einfach, da auch gelockte Elterntiere glatthaarige Fohlen bekommen können. Das Besondere an diesen Tieren ist, dass Pferdehaarallergiker nicht auf sie reagieren. Das liegt daran, dass ihre oberste Hautschicht weniger allergieauslösende Proteine enthält als jene von anderen Pferden! Damit sind sie eine echte Alternative für Pferdefreunde mit Allergieproblemen!

Die Curlys sind sehr robust – auch Schnee macht ihnen nichts aus!

Schon die Fohlen werden mit den typischen Wellen im Fell geboren.

Reitspaß

Curlys eignen sich sehr gut zum Westernreiten. Doch auch andere Reitweisen sind natürlich möglich, zumal die Pferde sehr unterschiedlich sind.

Unglaublich!

Manchmal verlieren Curlys im Sommer ihr welliges Langhaar. Zum Winter wächst es dann aber wieder nach, damit die Pferde nicht frieren müssen.

Vom Urpferdchen zum großen Pferd

Pferde waren nicht immer so groß wie heute. Die ersten Urpferde, die vor über 50 Millionen Jahren lebten, waren viel kleiner als unsere heutigen Pferde. Das Urpferdchen Hyracotherium, auch Eohippus genannt, war nur etwa 45 Zentimeter groß und konnte sich dadurch hervorragend im Gebüsch verstecken, wo es sich vermutlich von Blättern und Früchten ernährt hat.

Groß und Klein heute

Die kleinsten Pferde heute, die Falabellas und die Mini-Shettys, sind größer, als die Urpferdchen waren. Wie winzig würden diese wohl erst neben einem riesigen Shire Horse aussehen?

Entwicklung der Pferde

Wildpferd (Equus), Wildesel und Zebra

Wildpferd (Equus), Wildesel und Zebra sind eng miteinander verwandt.

Heute zählt man alle Pferde zur Gruppe der Huftiere.

Pliohippus

Das Pliohippus war der erste richtige Einhufer.

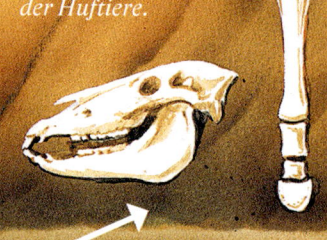

Je größer die Tiere wurden, desto stärker veränderte sich auch ihre Schädelform.

Merychippus

Das Merychippus war das erste Pferd, das Gras fraß.

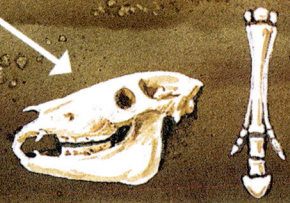

Es hatte noch immer drei Zehen, aber die beiden seitlichen berührten nicht mehr den Boden.

Mesohippus

Das Mesohippus war schon etwas größer als sein Vorgänger und hatte längere Beine.

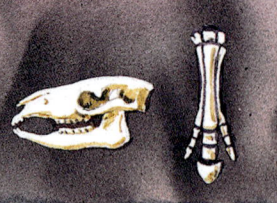

Die mittlere der drei Zehen an jedem Fuß trug die Hauptlast des Gewichts des Pferdes. Daraus entwickelte sich der Huf.

Eohippus

Mit ihm begann die Entwicklung zu unseren heutigen Pferden.

Das Eohippus hatte vier Zehen an den Vorderfüßen und drei an den Hinterfüßen.

Erste Schritte der Entwicklung

Im Laufe der Zeit wurde das Urpferdchen größer und entwickelte sich zum Mesohippus. Mit etwa 60 Zentimetern war es zwar auch nicht größer als ein Schäferhund, aber es versteckte sich nicht mehr. Aus den früheren Wäldern waren Steppen geworden und das Mesohippus musste nun notfalls vor Feinden fliehen, anstatt sich hinter Büschen und Bäumen in Sicherheit zu bringen.

Die Tiere passten sich der neuen Umgebung an: Hatte der Fuß des Eohippus noch vier Zehen, bestand jener des Mesohippus nun schon nur noch aus drei. Der mittlere Zeh trug dabei die meiste Last. Bei genauem Hinsehen kann man schon eine gewisse Ähnlichkeit zum heutigen Pferdehuf erkennen!

Die nächsten Vorfahren

Das Merychippus, das vor etwa 30 Millionen Jahren lebte, war schon etwa einen Meter groß. Sein Gebiss hatte sich bereits den neuen Umständen angepasst und so konnte es besser Gras abbeißen. Das spätere Pliohippus war dann schon sehr schnell und konnte mit seinen langen Beinen leichter vor seinen Feinden fliehen. Die Zehen, die das Urpferdchen noch besaß, waren vollständig verschwunden; das Pferd lief auf einem richtigen Huf. Es gilt als Vorfahre von Zebras, Pferden und Eseln. Das sogenannte Equus gibt es erst seit etwa zwei Millionen Jahren. Es hatte schon viel Ähnlichkeit mit unseren Pferden beziehungsweise vor allem mit den sehr ursprünglichen Przewalski-Pferden.

Equus

Eohippus

Unglaublich!

Das Equus war schon deutlich größer als das Eohippus und durch die Fellfarbe viel besser in der Steppe getarnt. Das Fell des Eohippus war vermutlich rotbraun mit schwarzen Streifen oder Tupfen. So konnte es sich leicht im Gebüsch verstecken.

Bin ich ein Pferd?

Esel

Ein Esel ist kein Pferd, aber die Ursprünge sind die gleichen. Esel haben sich nur ganz anders und eigenständig entwickelt. Ihr Verhalten ist dem von Pferden gar nicht so ähnlich, wie man vielleicht denkt!

Herdenzug

Zebra

Auch Zebras sind Verwandte der Pferde. Wie diese gehören sie zur Gattung Equus. Dennoch haben sie ein völlig anderes Verhalten als Pferde. Zebras lassen sich auch kaum zähmen.

Das Przewalski

Die echten Urpferde sind eigentlich ausgestorben – und doch gibt es noch Przewalski-Pferde. Man hat sie möglichst nah an ihren Ursprung zurückgezüchtet und versucht, ein Pferd zu erhalten, das dem Urpferd sehr ähnlich ist.

Frei und ungezähmt

Das Wildpferd ist sozusagen die Urform des Hauspferdes. Der Tarpan, genauer gesagt das westeurasische Wildpferd, gilt als Vorgänger unserer heutigen Pferde. Er hat in weiten Teilen Europas und Asiens gelebt und ist heute leider ausgestorben. Przewalski-Pferde sind ebenfalls eine Form des Wildpferdes, aber wohl nicht die direkten Vorfahren unserer Pferde. Die Wissenschaft unterscheidet den Tarpan, das Equus ferus ferus, deshalb auch vom Przewalski-Pferd, dem Equus ferus przewalskii. Bei diesen beiden handelt es sich also um unterschiedliche Unterarten des Wildpferdes.

Wildpferde heute

Koniks und Dülmener Wildpferde, die es heute noch gibt, erinnern zwar stark an die Urpferde, sind aber wahrscheinlich gar nicht so nah mit ihnen verwandt. Dabei ähnelt die Fellfarbe der Falben sehr der der Tarpane und Przewalskis. Die Dülmener Wildpferde sind streng genommen auch keine echten Wildpferde, sondern verwilderte Hauspferde.

Dülmener Wildpferde

Die Dülmener Wildpferde leben in Westdeutschland, genauer gesagt im Merfelder Bruch bei Dülmen. Dort gibt es sie bereits seit dem Jahr 1316. Das Gebiet, in dem die Pferde fast wild leben, umfasst etwa 400 Hektar. In dieser Landschaft, die aus Moor, Heide und Wäldern besteht, laufen um die 400 Pferde frei herum. Sie müssen sich selbst versorgen, lediglich im Winter werden sie zugefüttert. Da die Pferde sich weitgehend selbst überlassen sind, verhalten sie sich sehr natürlich.

Mensch und Wildpferd

Damit es in der Pferdeherde nicht zu großem Streit kommt, werden die Junghengste einmal im Jahr aus der Herde herausgefangen. Da die Pferde keine natürlichen Feinde haben, würde die Gruppe sonst zu groß und die kleinen Junghengste würden nur für Ärger sorgen. Der Wildpferdefang in Dülmen ist ein großes Spektakel, das sich viele Leute ansehen. Und manch einer erwirbt vor Ort sogar einen der kleinen Junghengste. Die Dülmener Wildpferde lassen sich gut zähmen und eignen sich dann als Kinder- oder Fahrponys, wenn sie ausgewachsen sind.

Namib-Pferde
Die Namibischen Wildpferde leben am Rand der Wüste.
Dort gibt es sehr wenig Futter und kaum Wasserstellen.

Konik-Pferde

In den Niederlanden gibt es eine Konik-Herde, die fast wie Wildpferde lebt. Doch eigentlich sind die Koniks keine echten Wildpferde, sondern kleine Hauspferde.

Przewalski-Pferde

Diese Pferde waren bereits ausgestorben, konnten später jedoch rückgezüchtet und in der Mongolei wieder ausgewildert werden.

Namibisches Wildpferd

Am Rand der afrikanischen Wüste Namib leben tatsächlich Pferde! Obwohl hier nur wenig Gras wächst, haben die Tiere es geschafft, dort zu überleben. Die Herde stammt von Pferden ab, die früher Reitpferde waren und zu Beginn des letzten Jahrhunderts entlaufen sein müssen. Sie sind zwar keine echten Wildpferde, aber sie leben völlig frei und ohne Hilfe von Menschen – obwohl Futter und Wasser dort wirklich knapp sind.

Mustangs

Die Mustangs in Amerika leben halbwild. Doch viele von ihnen werden gefangen und verkauft, auch wenn es schwierig ist, einen wilden Mustang anzureiten.

Dülmener

Die Dülmener Wildpferde leben schon sehr lange ohne viel Menschenkontakt.

Nicht ohne meine Herde

Wenn ein Pferd losrennt, kommt die ganze Herde hinterher: Laufen macht allen Spaß!

Alle mir nach!

Kraul mich!

Echte Pferdefreunde kraulen einander an den Stellen, an die sie selbst nicht herankommen. Das ist wahre Freundschaft!

Fliehen

Pferde sind Fluchttiere. Wenn sich eines erschreckt, dann laufen zur Sicherheit alle hinterher – auch wenn sie manchmal gar nicht wissen warum.

Ein Herdentier braucht seine Freunde: Ein Pferd kann und will nicht alleine leben. Zudem gibt ihm die Herde Schutz und Sicherheit. Schließlich braucht ein Fluchttier wie das Pferd, das bei Gefahr sofort davonläuft, jemanden, der aufpasst, wenn es einmal ruhen will. Aber auch zum Spielen oder Fellkraulen und um sich im Sommer gegenseitig die Fliegen aus dem Gesicht zu wischen braucht ein Pferd seine Artgenossen. In der Gruppe sind sie stark und können sich so auch besser gegen Feinde verteidigen. Dieses Verhalten nennt man Herdentrieb.

Was ist eine Herde?

Eine Herde ist eine Gruppe von mehreren Pferden: In den meisten Fällen sind das ein Hengst und mehrere Stuten mit ihren Fohlen und dem etwas älteren Nachwuchs. Während eine ältere und erfahrene Stute die besten Futterplätze sucht, ist der Hengst nur für die Verteidigung zuständig, zum Beispiel wenn ein anderer Hengst ihm seine Stuten abwerben will. Die Gruppe verändert sich auch immer wieder. Die Junghengste gehen irgendwann eigene Wege, sie bleiben nicht bei der Familie. Manchmal bilden dann mehrere junge Hengste, die keine Stuten gefunden haben, eine Junggesellenherde.

Wachen

Wenn sich die Herde schlafen legt, bleibt meist ein oder zwei Pferde stehen und bewachen die Gruppe. Pferde legen sich erst hin, sobald sie sich völlig sicher fühlen.

Wächter

Spielen

Vor allem junge Pferde können den ganzen Tag spielen – wie Kinder! Deshalb ist es auch so wichtig, dass Fohlen nicht alleine aufwachsen.

Fliegenschutz

Echte Freunde schützen sich auch vor lästigen Fliegen im Sommer: Sie wischen sich gegenseitig mit dem Schweif die Insekten aus dem Gesicht.

Immer in Bewegung

Pferde sind Steppen- beziehungsweise Lauftiere, die am liebsten den ganzen Tag in Bewegung sind. Sie einzusperren, widerspricht ihrer Natur. Sie brauchen Licht, Luft und viel Platz, um sich frei bewegen zu können. Und auch wenn sie sich gern einmal in ihrer trockenen Box unterstellen, sind sie dennoch keine Stubenhocker. Bewegen sie sich zu wenig, werden sie sogar krank.

Bloß weg hier!

Pferde verteidigen sich nur im Notfall. Wenn es irgendwie möglich ist, laufen sie einfach davon. Dieser Fluchtinstinkt ist Pferden angeboren und macht sie etwas schreckhaft. Schließlich kann alles Unbekannte ja auch gefährlich sein! Man muss also immer damit rechnen, dass ein Pferd ganz plötzlich vor etwas Angst bekommt und flüchten will. Das entspricht seiner Natur!

Verschiedene Grasfresser

Ein Pferd kann nicht wie eine Kuh im Liegen verdauen. Eine Kuh verdaut das Gras in mehreren Mägen: Das abgerupfte Gras landet zunächst im ersten Magen, dem Pansen, und wird dort eingeweicht. Anschließend würgt die Kuh das Futter wieder hoch und zerkaut es gründlich. Dabei legt sie sich gemütlich hin. Im zweiten Magen werden größere und kleinere Teile sortiert. Die großen werden so lange hochgewürgt und gekaut, bis der Futterbrei richtig zerkleinert ist. Im dritten Magen wird dann das viele Wasser aus dem Futter gezogen und die Nährstoffe werden verwertet. Erst im vierten Magen wird das Futter dann zersetzt und landet im Darm. Das alles ist sehr aufwendig und dauert lange – an eine schnelle Flucht ist mit den vier Mägen nicht zu denken. Das Pferd hingegen frisst wesentlich kleinere Mengen und verdaut sein Futter sofort. Deshalb muss es über den ganzen Tag verteilt ständig Nahrung zu sich nehmen. Aber dadurch ist es auch schneller fluchtbereit!

Heuraufe

Pferde brauchen viel Raufutter. Daher ist es wichtig, dass sie den ganzen Tag genug zu fressen haben.

Grasen

Am liebsten fressen Pferde auf der Weide, denn Gras ist das beste Pferdefutter, das es gibt.

Kein Leben ohne Pferde

Pferde haben schon immer in vielen Kulturen eine wichtige Rolle gespielt. Sie dienten als Transportmittel, Kriegsgefährten und halfen in Bergwerken und beim Ackerbau. Ohne Pferde wäre vieles gar nicht erst möglich gewesen, was für die Menschen lebenswichtig war.

Reitervölker

Der Begriff »Reitervolk« wird für jene Völker benutzt, bei denen Pferde als Fortbewegungsmittel dienten und die die Steppe vom heutigen Ungarn bis in die Mongolei und nach China bevölkerten. Die Mongolen sind mit ihren Pferden im 13. Jahrhundert auf ihren Kriegszügen sogar bis nach Europa vorgedrungen. Die Menschen in der Mongolei leben noch immer sehr eng mit ihren Pferden zusammen. Die traditionell lebenden Nomaden nutzen ihre Pferde bis heute nicht nur als Reittiere, sondern auch als Lieferanten für Milch und Fleisch. In der Mongolei leben jetzt noch fast so viele Pferde wie Menschen.

Bemaltes Pferd

Indianer
Die Indianer hatten ursprünglich keine Pferde, sondern lernten sie erst durch die weißen Siedler kennen.

Cowboys
Für die Cowboys waren Pferde unverzichtbar. Ohne sie hätten sie das Vieh auf dem weiten Land nicht beaufsichtigen können.

Indianerpferde

Indianer gelten allgemein als Reitervolk. Doch eigentlich waren sie ursprünglich gar keine Reiter. Erst durch die Spanier lernten sie die Nutzung von Pferden. Bald schon entdeckten sie ihr unglaubliches Talent im Umgang mit Pferden und züchteten eigene Rassen – wie zum Beispiel die Nez-Percé-Indianer ihre berühmten Appaloosa-Pferde.

Reiterspiele

Die Berber, ein Volksstamm Nordafrikas, haben eine lange Reittradition. Ihre Pferde, ebenfalls Berber genannt, gelten als eine der ältesten Pferderassen überhaupt. Sie sind sehr schnell und wendig. Daher sind sie hervorragend für ein traditionelles Reiterspiel der Berber geeignet: die Fantasia. Dabei handelt es sich um eine Mischung aus historischem Spiel und Kampf. Zu früheren Zeiten wurden die Pferde auch während eines Krieges eingesetzt.

Das Kriegspferd

Die Pferde der Ritter hatten ein gefährliches Leben, denn im Kampf konnten sie jederzeit verwundet werden. Sie wurden oft angegriffen, denn ein Ritter ohne Pferd war leicht zu besiegen. Deshalb mussten sie geschützt werden und bekamen eigens für sie geschmiedete Rüstungen. Nachdem die Pferde zunächst Rüstungen aus Ketten trugen, bekamen sie später speziell für sie angefertigte Platten zum Schutz umgehängt, die Rossharnisch genannt wurden. So ein Harnisch konnte bis zu 40 Kilogramm wiegen! Obendrein saß noch ein Ritter mit einer schweren Rüstung auf dem Pferderücken – die Tiere hatten also schwer zu tragen.

Auf in den Kampf!

Ritter

Ritter kämpften zu Pferd und da das für die Tiere natürlich gefährlich war, trugen nicht nur die Ritter, sondern auch ihre Pferde einen Schutz: Rüstungen für Pferde!

Berber

Die Reiterspiele der Berber sind Kriegsspiele, bei denen auch symbolisch Waffen abgefeuert werden.

Mongolen

Die Mongolen waren schon immer ein Reitervolk. Noch heute pflegen sie ihre Traditionen zu Pferd. Schon kleinste Kinder lernen reiten, um schon früh an traditionellen Pferderennen teilnehmen zu können.

Beruf: Pferd

Pferde dienten den Menschen von jeher als Transportmittel. Doch nicht nur das, sie unterstützten die Menschen zusätzlich bei schweren Arbeiten. Ohne Pferde wäre die Industrialisierung, also der Übergang von Handarbeit zu Fabrikarbeit, sicher nicht möglich gewesen, da der Mensch alleine diese Arbeiten nicht hätte leisten können. Heute sind Pferde noch viel mehr als Arbeitstiere – sie helfen uns in den unterschiedlichsten Bereichen unseres täglichen Lebens.

Pferde im Polizeieinsatz

Pferde wirken aufgrund ihrer Größe imposant und flößen vielen Leuten Respekt ein. Dies macht man sich zum Beispiel bei der Polizei zunutze. Häufig werden Pferde in Parks oder engen Stadtgebieten eingesetzt. Aber auch bei Demonstrationen oder Fußballspielen helfen sie den Beamten dabei, den Überblick zu behalten. Ein Polizeipferd muss ganz besonders gute Nerven haben und unerschrocken sein. Feuer oder laute Musik dürfen ihm nichts ausmachen. Polizeipferde lernen in ihrer Ausbildung, sich möglichst nicht zu erschrecken – egal was passiert.

Schwerstarbeit

Als es noch keine Traktoren gab, waren Pferde in der Landwirtschaft unverzichtbar. Inzwischen werden die meisten Arbeiten von Maschinen durchgeführt, aber es gibt einzelne Betriebe, die ihre Felder noch ganz ökologisch mithilfe von Pferden beackern. Auch in den Wäldern werden heute wieder öfter Holzrückepferde eingesetzt. Meist sind es starke Kaltblüter, die die geschlagenen Baumstämme vorsichtig aus dem Wald herausziehen. Sie zerstören den Boden nicht annähernd so sehr wie moderne, schwere Maschinen. So wird die Natur viel mehr geschont!

Feldarbeit
Früher war Feldarbeit ohne Pferde oder Ochsen kaum möglich. Heute gibt es wieder Bauern, die anstatt mit Traktoren lieber mit Pferden arbeiten.

Pferde unter der Erde

Pferde arbeiteten aber nicht nur über, sondern auch unter der Erde. Vor allem kleine Ponys wie die Shetland-Ponys wurden früher in Bergwerken eingesetzt. Dadurch, dass sie so klein, aber kräftig waren, konnten sie leicht schwere Lasten durch die engen, unterirdischen Gänge ziehen. Eine harte Arbeit, die heute zum Glück Maschinen erledigen.

Mehr als ein Freund

Das Verhältnis von Mensch und Pferd ist immer etwas Besonderes. Das Tier spürt ganz genau, wie ein Mensch sich fühlt und reagiert darauf. Dadurch hilft es ihm dabei, sich geborgen oder frei zu fühlen. Diese Fähigkeit macht es zu einem geeigneten Therapietier für kranke Kinder und Erwachsene und ohne Mühe Menschen mit Behinderung.

Im Rampenlicht

Pferde, die in Shows wie »Apassionata« auftreten, haben quasi auch einen Beruf: Sie unterhalten uns Menschen und lassen uns staunen. In den zahlreichen Shows, die es auf Messen gibt und die immer wieder auch in großen Städten veranstaltet werden, treten Pferde auf, die besonders gut geritten sind, tolle Zirkuskunststücke können oder völlig frei mit ihren menschlichen Partnern arbeiten. Man sieht Stuntreiter, die seitlich an ihren Pferden hängen, während diese galoppieren, und süße Ponys, die miteinander spielen oder ihrem Trainer folgen wie ein Hund. Ob mit faszinierenden Tricks oder durch ihre Anmut und Eleganz – Pferde begeistern!

Vor der Kutsche

Früher waren Kutschen die einzige Möglichkeit, schnell von einem Punkt zum anderen zu kommen. Postkutschen transportierten neben Briefen und Paketen auch Waren und Reisende. Reiche Familien hatten zu Hause ihre eigene kleine Kutsche, mit der sie Besorgungen erledigen und Freunde besuchen konnten. Heute fahren wir zwar mit dem Auto, dem Bus, dem Fahrrad oder mit der Bahn, aber Kutschpferde gibt es immer noch. Allerdings werden sie mehr zum Freizeitvergnügen oder im Trabsport eingesetzt – und das überall auf der Welt.

Berufe für Pferdefreunde

Viele Menschen machen ihr Hobby zum Beruf und leben nicht nur mit Pferden, sondern arbeiten auch mit ihnen – ganz egal ob es ihre eigenen sind oder die Pferde anderer, die sie versorgen. Oft sind diese Berufe mit schwerer körperlicher Arbeit und unregelmäßigen Arbeitszeiten verbunden – ein Pferd will schließlich den ganzen Tag umsorgt sein. Aber wer seinen Job und vor allem Pferde liebt, hat viel Spaß bei seiner Tätigkeit!

Pferdepfleger

Pferdepfleger sind oft ausgebildete Pferdewirte, deren Ausbildungsschwerpunkt Zucht und Haltung heißt. Während dieser Lehre lernt man, welche Bedürfnisse Pferde haben und wie man sie richtig versorgt. Häufig können Pferdewirte, die die Ausbildung mit dem Schwerpunkt Reiten abgeschlossen haben, auch sehr gut reiten und ein Pferd selbst ausbilden. Ein guter Pferdepfleger ist daher an jedem Reitstall unverzichtbar!

Reitlehrer

Reitlehrer unterrichten andere Menschen, die das Reiten lernen oder ihr Reiten verbessern wollen. Wer einen eigenen Reitstall besitzt, hat vielleicht ein paar Schulpferde, auf denen andere Menschen reiten lernen können. Aber es gibt auch Reitlehrer, die zu unterschiedlichen Reitställen kommen, um die Menschen dort auf ihren eigenen Pferden zu unterrichten. Wichtig ist, dass ein Reitlehrer auch eine anerkannte Ausbildung abgeschlossen hat, wie zum Beispiel bei der Deutschen Reiterlichen Vereinigung (Fédération Equestre Nationale; kurz: FN).

Barfuß

Tierarzt

Grundsätzlich kann jeder Tierarzt alle kranken Tiere behandeln. Viele spezialisieren sich im Lauf der Jahre aber auch auf einige Tiergruppen, zum Beispiel auf Pferde. Das ist ein schwieriger Job, denn manchmal hat ein Pferd Angst, sich behandeln zu lassen, oder wehrt sich, weil es Schmerzen hat. Der Tierarzt macht aber auch Besuche bei gesunden Pferden: Unter anderem müssen sie geimpft werden, damit sie sich nicht mit gefährlichen Krankheiten anstecken. Zudem müssen die Zähne von Pferden regelmäßig kontrolliert und bearbeitet werden. Das machen auch Tierärzte oder speziell ausgebildete Dentisten. Die Gesundheit eines Pferdes liegt also in guten Händen!

Hufschmied

Ohne gute Hufe kann kein Pferd laufen. Hufschmiede und Hufpfleger sorgen dafür, dass die Hufe richtig bearbeitet, also ausgeschnitten und beraspelt werden. Manchmal nageln oder kleben sie auch einen Hufschutz wie ein Hufeisen an den Huf. Alle sechs bis acht Wochen sollte ein Hufbearbeiter die Hufe eines Pferdes überprüfen. Der Huf wächst langsam von oben nach unten. Dadurch, dass sich das Pferd auf verschiedenen Böden bewegt, wird er unten abgenutzt. Da das aber nicht immer gleichmäßig geschieht, muss der Hufschmied oder -pfleger die Hufe prüfen und eventuell gleichmäßig bearbeiten. Der Hufschmied ist also ein wichtiger Mensch!

Züchter

Ohne Züchter gäbe es die meisten Pferde nicht! Denn unsere Pferde werden ja nicht mehr frei geboren, sondern bei einem Züchter. Dort gibt es eine oder mehrere Stuten und einen Hengst. Wenn die Stute von einem besonderen Hengst gedeckt werden soll, wird sie extra zu ihm gefahren. Die Pflege der Zuchtstuten und die Aufzucht der Fohlen erfordert viel Fachwissen. Da die meisten Züchter ihre Fohlen aber nicht besonders teuer verkaufen können, ist Züchter zu sein oft eher ein Hobby und kein richtiger Beruf mehr.

D wie ... Dales Pony

Vor der Kutsche sehen Dales Ponys sehr schick aus!

Dales Ponys wirken wie kleine Friesen – das liegt wohl an ihrem meist schwarzen Fell und dem üppigen Langhaar. Sie sind eng verwandt mit den Fell Ponys, mit denen sie früher zusammen auch als eine Rasse geführt wurden. Seit 1916 sind es nun aber zwei getrennte Rassen. Das Dales Pony wurde früher häufig als Lastenpony eingesetzt. Seine Aufgabe war es dann, Lasten wie Blei von den Minen zu den Hafenstädten zu transportieren. Da man weder Lasttiere noch Pferde in der Landwirtschaft brauchte, waren die schicken Schwarzen im letzten Jahrhundert schon fast ausgestorben. Heute werden sie als gute Reitpferde sowohl für Kinder als auch für Erwachsene geschätzt.

Ganz schön viel Haar

Dales Ponys haben sehr langes und gewelltes Langhaar. Damit ähneln sie den Friesen!

Schon gewusst?

Bis zu 125 Kilogramm trug ein Dales Pony, das in den Bergwerken arbeiten musste.

Steckbrief

Dales Pony

- - - - - - - - - - - - - - - -

Herkunft: England

Größe: ca. 148 Zentimeter

Farben: oft Dunkelbraune und Rappen

Dales Ponys sind zwar der Größe nach Ponys, aber sie sind so kräftig, dass sie auch als Reitpferde für Erwachsene verwendet werden.

Dänisches Warmblut

Der typische Däne unter den Pferden ist eigentlich der Frederiksborger. Sportliche Warmblutpferde hingegen gab es in Dänemark zunächst einmal lange nicht. Erst 1962 begann man, Sportpferde zu züchten. Für die Zucht des Dänischen Warmbluts wurden Pferde aus anderen Ländern importiert. Viele waren Hannoveraner oder Trakehner, sodass das Dänische Warmblut den deutschen Warmblutpferden sehr ähnlich ist. Es ist groß und eignet sich hervorragend für Dressurreiten und Springen. Auch auf großen Turnieren waren Reiter mit Dänischen Warmblütern schon erfolgreich. Und da die Pferde als umgänglich und freundlich gelten, eignen sie sich ebenso für Freizeitreiter.

Unglaublich!

Die erste olympische Medaille für Finnland erritt Kyra Kyrklund mit einem Dänischen Warmblut.

Verwandtschaft

Dänische Warmblüter sind eng mit den deutschen Warmblutpferden verwandt und sehen ihnen auch sehr ähnlich.

Steckbrief

Dänisches Warmblut

- -

Herkunft: Dänemark

Größe: 162–170 Zentimeter

Farben: alle Farben

So ein hübsches Dänisches Warmblut ist auch ein tolles Pferd für einen Freizeitreiter.

D wie ... Dartmoor Pony

Ursprünglich war das Dartmoor Pony als Tragtier im Moor unterwegs – genauer gesagt in den Moor- und Heidelandschaften von Dartmoor im Südwesten Englands. Dort wuchsen die Ponys halbwild auf. Dartmoor Ponys haben dichtes Unterfell, das keinen Regen durchlässt, und welliges Langhaar. Leider gibt es inzwischen nicht mehr viele von ihnen. Durch das Kreuzen mit anderen Rassen ist das Dartmoor Pony schon fast ausgestorben. Dabei handelt es sich um ein sehr edles Pony, das aussieht wie ein Mini-Vollblüter. Es ist sehr intelligent und äußerst leistungsfähig: So ein kleines Pony trägt durchaus einen großen Erwachsenen. Die Züchter beschreiben es gerne so: »Klein von Statur, aber mit einem großen Herzen.«

So ein Dartmoor Pony hat viel Kraft: Es trägt auch einen erwachsenen Reiter!

Völlig frei

Im englischen Dart- moor wachsen die Ponys halbwild auf.

➔ Schon gewusst?

Dartmoor Ponys sind robust und freundlich – und doch gibt es leider immer weniger von diesen tollen Ponys.

Steckbrief

Dartmoor Pony

Herkunft: England

Größe: bis 127 Zentimeter

Farben: alle Farben, oft Braune und Rappen, keine Schecken

Bis heute lernen die britischen Königskinder auf Dartmoor Ponys reiten.

Im Moor bin ich perfekt getarnt!

Typisch für diese Ponys ist ihre torfbraune Fellfarbe.

Deutsches Reitpony

Was ist denn da los?

Feuriges Temperament

Deutsche Reitponys haben oft viel Energie.

Die Pferde dieser Rasse sind intelligent und lernen sehr schnell.

Deutsche Reitponys sind kleine Sportpferde. Sie unterscheiden sich daher nur durch die Größe von typischen Sportpferden. Sie eignen sich ebenso gut wie die Warmblutpferde für Dressur, Springen und Geländereiten und sind ideale Ponys für Kinder und Jugendliche, die auf Turnieren starten wollen. Erfolgreiche Turnierponys werden oft für sehr viel Geld an die nächste Generation der Nachwuchsreiter weiterverkauft, sodass manches Pony zeit seines Lebens auf vielen Turnieren zu sehen ist. Gerade kleinere Reiter, die ein handlicheres Pferd suchen, passen gut zu den sportlichen Reitponys. Für Anfänger sind sie allerdings meistens weniger gut geeignet, denn sie haben viel Temperament und sind sensibel.

Steckbrief

Deutsches Reitpony

- - - - - - - - - - - - - - - - - - - -

Herkunft: Deutschland
Größe: 138–148 Zentimeter
Farben: alle Farben

→ **Schon gewusst?**

Deutsche Reitponys sind wie das British Riding Pony eine gezielte Zucht von kleinen Turnierpferden.

Deutscher Traber

Beim Trabrennen werden die Traber meistens vor einen Sulky gespannt. In Frankreich gibt es aber auch Rennen unter dem Reiter.

Ich kann tölten! Und du?

Unglaublich!

Viele Traber können weitaus mehr als nur Schritt, Trab und Galopp: Sie können auch tölten!

Wohl kaum ein Pferd hat so einen schlechten Ruf wie der Traber. Dieser wird eigentlich ausschließlich für Trabrennen gezüchtet. Bei diesen Rennen laufen die Traber vor einem kleinen Wagen, dem sogenannten Sulky. Traber, die zu langsam oder ungeeignet sind, kennen keine Reiterhilfen und sind deshalb auch nicht einfach einzureiten. Lernen sie ihren Job als Reitpferd aber richtig, sind Traber leistungsbereite und sehr zähe Reitpferde. Entgegen anderslautenden Gerüchten können diese Pferde durchaus galoppieren – sie dürfen es nur in den Rennen nicht; sonst werden sie disqualifiziert.

Steckbrief

Deutscher Traber

Herkunft: Deutschland
Größe: 145–165 Zentimeter
Farben: alle Farben

Im Galopp

Traber haben oft etwas grobe Köpfe und eine kräftige Schulter. Und trotz aller Vorurteile können sie super galoppieren!

D wie ...

Dölepferd

Starke Helfer

Dölepferde sind gute Arbeitspferde. Sie sind sogar kräftig genug, um einen Wagen oder einen Schlitten zu ziehen.

Das Dölepferd ist wahrscheinlich sowohl mit dem Dales Pony als auch mit dem Fell Pony und dem Friesen verwandt. Über den kleinen Kaltblüter sagt man auch: »Kalter Kopf und heißes Herz.« Damit ist gemeint, dass das Dölepferd zwar einen groben, schweren Kopf wie ein Kaltblut, aber das heiße Herz eines Vollbluts besitzt. Es ist nämlich alles andere als langsam und wird sogar bei Trabrennen eingesetzt. In der Zucht gibt es daher zwei Typen: die schwere Kaltblutvariante und die leichtere Warmblutvariante, die eher dem Traber entspricht. Leistungsbereit und kräftig sind aber beide. Und hübsch ist so ein Dölepferd natürlich auch! Seine Mähne ist meist lang und wellig, die Beine sind belastbar. Die Pferde sind robust und brauchen wenig Futter. Umso unglaublicher ist es, dass es nur noch sehr wenige von ihnen gibt.

Schnee ist so schön!

Steckbrief

Dölepferd, Gudbrandsdaler, Østlandspferd

Herkunft: Norwegen

Größe: 148–156 Zentimeter

Farben: oft Braune, Schwarzbraune, Rappen

Schnee macht dem robusten Gudbrandsdaler aus Norwegen nichts aus!

➡ **Rekord**
1 Min. **26** Sek.
pro Kilometer schnell lief der Döle-Traber-Hengst Alm Svarten.

Donpferd

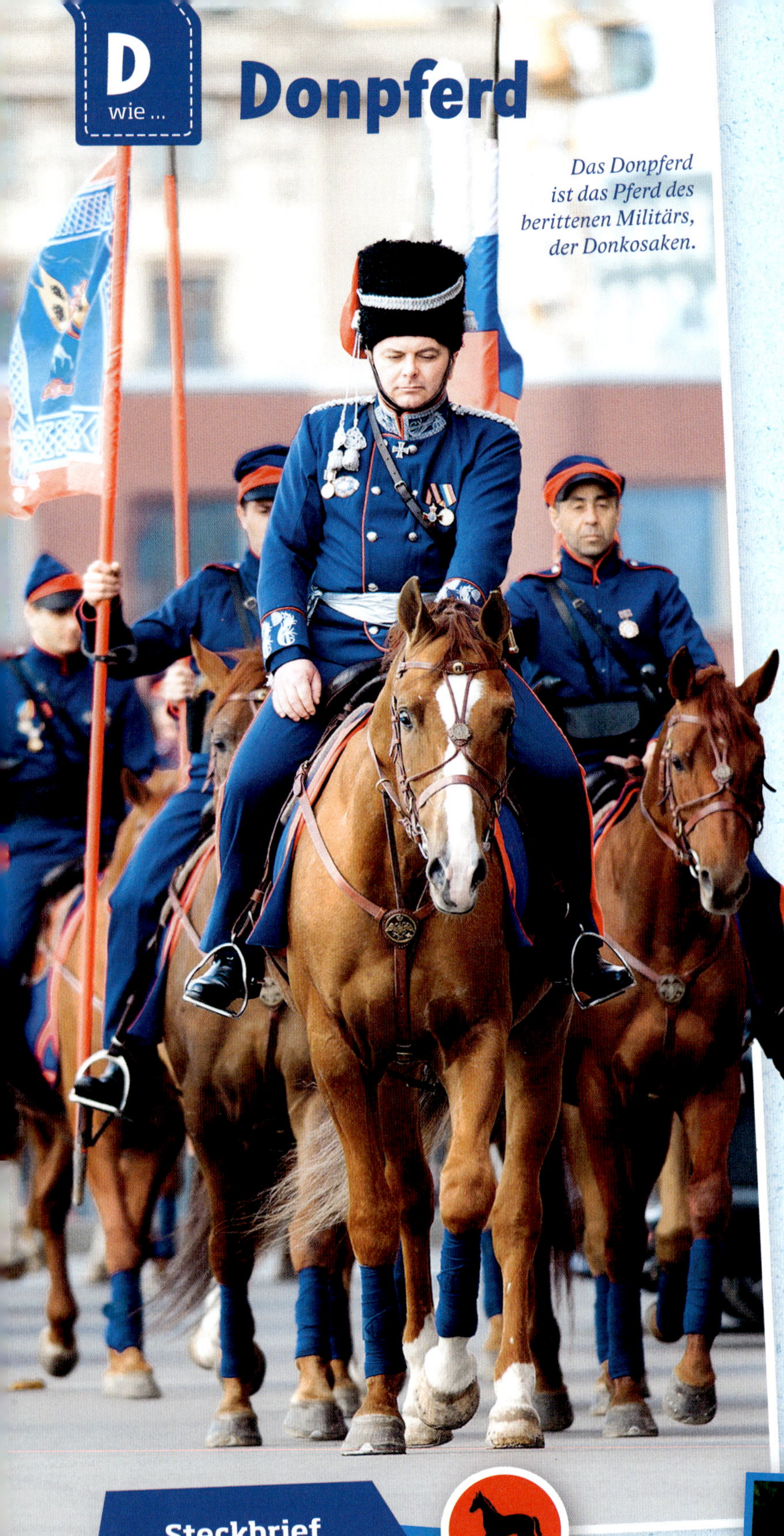

Das Donpferd
ist das Pferd des
berittenen Militärs,
der Donkosaken.

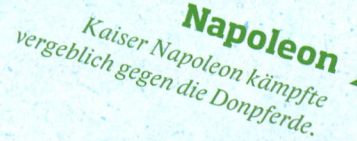

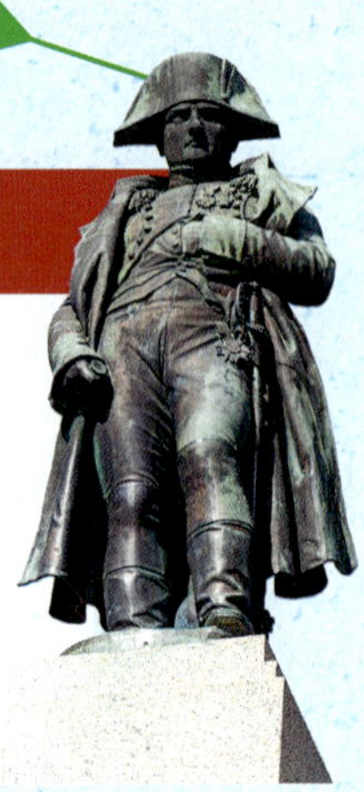

Angeberwissen

▶ Die Donpferde waren Napoleons Pferden während seiner Russland-feldzüge weit überlegen.

▶ Den robusten Tieren konnten weder die eisige Kälte noch unwegsames Gelände etwas anhaben.

Donpferde wurden ursprünglich für die Kavallerie gezüchtet. Ihre Zucht begann mit wild lebenden Tarpans, den längst aus-gestorbenen Wildpferden. Aber auch eine Menge anderer Rassen wurden in das Donpferd hinein-gekreuzt, zum Beispiel Araber, Vollblüter und Turkmenen. Wichtig dabei war, dass die Pferde gesund und genügsam waren. Noch heute leben die Donpferde halbwild und kommen mit den kalten russischen Wintern gut zurecht. Durch die Züchtung wurde aber auch ihr Springvermögen gefördert, was die Donpferde heute zu durchaus guten Sportpferden macht. Das Springen und die Viel-seitigkeit liegen ihnen sehr und aufgrund ihrer hohen Ausdauer eignen sie sich zudem für Distanzritte. Wegen dieser Vielfältigkeit gelten sie als die wichtigste russische Pferderasse.

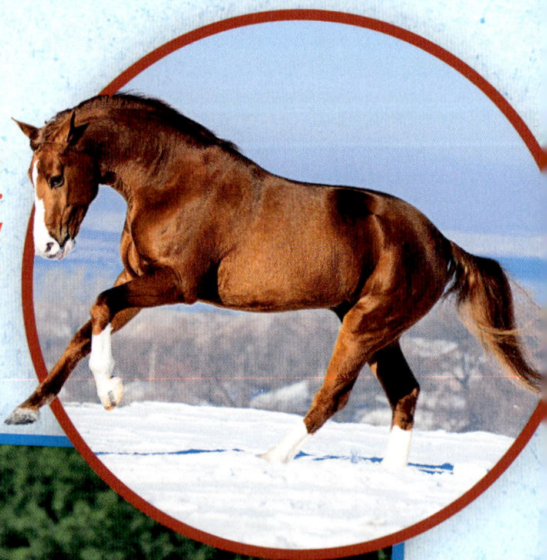

In ihrer Heimat am Fluss
Don wachsen die Pferde
auch heute noch halbwild
auf. Das macht sie beson-
ders widerstandsfähig.

Steckbrief

Donpferd

- - - - - - - - - - - - - - - - - - - -

Herkunft: Russland

Größe: 155–160 Zentimeter

Farben: oft Braune und Füchse

Donpferde sind
leistungsbereite
Freizeitpferde für
gute Reiter.

Einsiedler

Der Schweizer Einsiedler ist ein imposantes Pferd! Er ist groß und kräftig und zugleich ein elegantes Reitpferd.

Kloster Einsiedeln
Hier ist die traditionelle Heimat der Einsiedler-Pferde.

Beim Springen macht mir keiner was vor!

Olympisches Springtalent: Die Stute Gazelle de la Brasserie mit ihrer Reiterin Karin Donckers 2008 in Beijing.

Steckbrief

Einsiedler, Schweizer Warmblut

Herkunft: Schweiz

Größe: 160–175 Zentimeter

Farben: oft Braune und Füchse

Angeberwissen

▶ Die ursprünglichen Einsiedler gibt es so nicht mehr.

▶ 1798 wurden die Pferde aus dem Gestüt gestohlen. Die Zucht konnte zwar wiederaufgebaut werden, doch das Erbgut der Tiere war für immer verloren.

▶ Als Folge davon wurde der Einsiedler immer weiter zum Sportpferd umgezüchtet.

Das Einsiedler-Gestüt ist das älteste Europas. Dort werden schon seit über 1000 Jahren Pferde gezüchtet. Die Einsiedler sind auffallend groß und imposant – im Herzen sind sie jedoch sanftmütig und geduldig. Aus den ursprünglichen Einsiedlern ist ein modernes Sportpferd entstanden, das den anderen Warmblutpferderassen sehr ähnlich ist. Es ist sportlich und eignet sich für Dressur und Springen gleichermaßen. Das liegt daran, dass in der Schweiz Trakehner, Hannoveraner, Holsteiner, aber auch französische Selle Français eingekreuzt wurden. Für den Spitzensport werden allerdings die meisten Pferde noch aus dem Ausland eingekauft.

Englisches Vollblut

Ganz schön schnell: Ein Englisches Vollblut kann eine Geschwindigkeit von bis zu 65 Stundenkilometern erreichen!

Angeberwissen

▶ Keiner ist wie der andere: Bei Englischen Vollblütern wird jeder Name nur einmal vergeben – das macht es manchmal ganz schön schwierig, einen neuen Namen zu finden.

▶ Auf Kurzstrecken sind Englische Vollblüter die schnellsten Pferde der Welt.

»Sonderlackierung«
Die meisten Englischen Vollblüter sind Braune oder Füchse – es gibt aber auch Ausnahmen!

Schon seit dem 17. Jahrhundert werden Englische Vollblüter nun hauptsächlich für Galopprennen gezüchtet. Sie gelten als die Rennwagen unter den Pferden, denn sie sind die Spezialisten für Geschwindigkeit. Englische Vollblüter werden in drei Gruppen eingeteilt: Es gibt Pferde für Kurzstrecken, die Flyer, Pferde, die gut springen können, die Steepler, und Pferde, die auf der langen Strecke besonders ausdauernd sind, die Stayer. Allen gemeinsam ist die Kennzeichnung »xx« im Namen beziehungsweise in ihren Zuchtpapieren, an der man einen Vollblüter leicht erkennt.

Zuchtpferde

Die Spezialitäten der Vollblüter, die Sportlichkeit, die Geschwindigkeit und die Ausdauer, machen sie zu herausragenden Teilnehmern in Geländewettbewerben, der sogenannten Vielseitigkeit oder Military. Zudem werden sie deshalb auch als Veredler in der Warmblutzucht eingesetzt. Das heißt, sie werden in die schwereren Warmblutpferde eingekreuzt. Früher waren die Warmblutpferde so kräftig, dass sie auch als Ackerpferde geeignet waren. Mithilfe der eleganten Vollblüter wurden aus den schweren Arbeitspferden schließlich schlanke Sportpferde. Es gibt wohl kaum eine moderne Warmblutzucht in Europa, an der nicht auch Vollblüter beteiligt waren.

Viel Geld

Da weniger Menschen zu Pferderennen kommen, um Wetten abzuschließen, welches das schnellste Pferd sein wird, werden Galopprennen in Deutschland immer seltener. Noch dazu ist das Training der Pferde sehr aufwendig und deshalb sehr teuer. Schließlich muss so ein Rennpferd im Wettkampf Höchstleistungen bringen! Und die Sieger sind wirklich wertvoll: Für erfolgreiche Rennpferde werden Unsummen bezahlt.

Wie heißt du?

Englische Vollblüter haben ganz individuelle Namen. Oder hast du schon einmal von einem Pferd gehört, das Wassermann heißt?

Steckbrief

Englisches Vollblut

- - - - - - - - - - - - - - - -

Herkunft: England

Größe: 150–170 Zentimeter

Farben: oft Braune und Füchse

Komm mit ins kühle Nass!

Freizeit

Mit etwas Training und Geduld kann aus einem ehemaligen Rennpferd ein zuverlässiges Freizeitpferd werden. Da die Pferde auch für die Rennen geritten werden, ist das Umtrainieren gar nicht so schwierig. Allerdings haben viele ehemalige Rennpferde eher schlechte Hufe.

Wie alles begann

Als Vorfahren der Englischen Vollblüter gelten drei Hengste: Beverly Turk, der wahrscheinlich ein Achal Tekkiner war, der Araber Darley Arabian und Godolphin Barb, vermutlich ein Berber. Man kann heutzutage nachweisen, dass etwa 95 Prozent der Englischen Vollblüter von dem Araber Darley Arabian abstammen. Der Hengst hatte also einen sehr großen Einfluss auf die Rasse!

E wie... Exmoor Pony

Das Exmoor Pony war ursprünglich ein Lasten- und Tragtier im Moor, das trotz seiner geringen Größe edel wie ein Vollblüter wirkt. In ihrer Heimat leben noch heute einige von ihnen in wild lebenden Herden. Das Exmoor Pony ist dem Urpony noch sehr ähnlich. Es ist ideal an regenreiche Gebiete mit teilweise kargem Futter angepasst. Die Ponys gelten ebenso wie die Dartmoor Ponys als freundlich und intelligent, sind aber dennoch nicht unbedingt für Kinder geeignet. Die kleinen Ponys sind sehr selbstbewusst und daher nicht immer ganz einfach. Nicht zuletzt deshalb sagt man in ihrer Heimat: »Wenn du einen Exmoor reiten kannst, kannst du alles reiten!«

Es ist nicht sehr groß, aber recht temperamentvoll: Ein Exmoor Pony lässt sich nur von geübten Reitern reiten!

Krötenauge
Die für sie typischen dicken Augenlider werden Krötenaugen genannt.

Mehlmaul
Exmoor Ponys haben häufig ein helles Maul, das als Mehlmaul bezeichnet wird.

Exmoor Ponys sind nicht sehr wählerisch: Sie können auch gut mit kargem Futter zurechtkommen.

In ihrer Heimat, den Moorlandschaften, leben die robusten Exmoor Ponys noch ganz frei.

Steckbrief

Exmoor Pony

Herkunft: England

Größe: bis 129,5 Zentimeter

Farben: oft Braune und Falben

Falabella

Ich bin so klein,
ich bin so süß,
ich bin ein Falabella!

Falabellas sind die kleinsten Pferde der Welt. Sie sind nicht größer als manche Dogge und eher schmal und zierlich. Sie sind einfach niedlich mit ihren kleinen Ohren und zarten Beinen. Zum Reiten sind sie aber eher ungeeignet. Ihre Zucht begann mit Kleinpferden, die bei den Pampasindianern in Argentinien zu Hause waren, und diente eigentlich nur dem Aussehen, weshalb es nur wenige von ihnen gibt. Die Miniaturpferde sind sehr intelligent, sodass man sich in den letzten Jahren in den USA entschloss, Falabellas zu Blindenführponys auszubilden. Die etwas kräftigeren unter ihnen können sogar kleine Kutschen ziehen.

➡ Rekord

30,4 cm

soll das kleinste Falabella groß gewesen sein.

Pferd statt Hund

In Amerika werden neuerdings Blindenponys ausgebildet. Die kleinen Falabellas eignen sich besonders gut dafür.

Steckbrief

Falabella, Falabella Pony

- -

Herkunft: Argentinien

Größe: bis 75 Zentimeter

Farben: alle Farben, oft Tigerschecken

Viele Falabellas sind Tigerschecken und ausgesprochen hübsch gezeichnet.

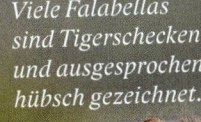

F wie ... Fell Pony

Fell Ponys sind von den Dales Ponys kaum zu unterscheiden. Klein, hübsch und vielseitig, das sind Fell Ponys. In England sagt man, dass es keinen falschen Job für ein Fell Pony gäbe. Egal ob Reiten oder Fahren, mit ihnen kann man alles machen. Früher wurden die robusten Ponys, von denen immer noch einige halbwild leben sollen, auch in der Landwirtschaft eingesetzt. Heute sieht man sie mit Kindern und Erwachsenen – und weil sie so gut aussehen, werden sie auch als Turnierponys genutzt. Ein kleines Mädchen auf einem schicken, schwarzen Fell Pony ist auf jedem Turnier ein Hingucker! Zumal diese auch hübsche Bewegungen haben. Das dichte und oft wellige Langhaar sieht natürlich besonders schön aus und erinnert sehr stark an die Friesen-Pferde.

Vielseitig

Fell Ponys sind hervorragende Fahrpferde. Ganz nebenbei sehen sie auch noch wunderschön aus.

Die meisten Fell Ponys haben ein seidig glänzendes schwarzes Fell.

Ich hab' die tollste Mähne von allen!

Die Ponys sind nicht nur gut vor der Kutsche, sondern auch tolle Freizeitpferde!

Steckbrief

Fell Pony

- -

Herkunft: England

Größe: bis 142 Zentimeter

Farben: Rappen, Braune, Schimmel

Finnpferd

Finnische Füchse

In Finnland gibt es viele Finnpferde. Bei uns sind sie dagegen sehr selten.

D ie Finnpferde waren eigentlich Arbeitspferde. Während sie im Ausland eher selten vorkommen, sind sie in Finnland recht häufig anzutreffen. Dort gibt es sie schon seit Jahrhunderten. Sie haben sich zwar durch das Einkreuzen anderer Rassen immer wieder verändert, sind jedoch kleiner geblieben als unsere heutigen Warmblutpferde. Zudem sind sie recht uneinheitlich: Manche sind zum Beispiel kleiner oder kompakter als andere ihrer Artgenossen. Es gibt insgesamt vier verschiedene Typen oder Zuchtlinien: Kleinpferd, Traber, Zugpferd und Reitpferd. Viele Finnpferde gehören zum Typ der Traber und werden noch heute bei Rennen eingesetzt. Doch die meisten der ehemaligen Acker- und Arbeitspferde sind ganz normale Reitpferde.

Lange Mähne

➡ **Schon gewusst?**

Ein mittelgroßes Pferd, fuchsfarben, mit blonder Mähne: Das wird meist für einen Haflinger oder einen Haflinger-Mix gehalten, doch manchmal ist es auch ein seltenes Finnpferd.

Mehr als ein Zugpferd

Ursprünglich waren Finnpferde Arbeitspferde, die hauptsächlich zum Ziehen von Lasten benutzt wurden. Heute gibt es sowohl Reit- als auch starke Fahrpferde.

Steckbrief

Finnpferd, Finnisches Universal

- - - - - - - - - - - - - - - - - - - -

Herkunft: Finnland

Größe: 130–160 Zentimeter

Farben: alle Farben, oft Füchse

Fjordpferd

Für Groß und Klein

Fjordpferde eignen sich für Jugendliche und Erwachsene. Auch wenn sie Ponys sind, so sind sie doch eher groß und kräftig.

Die meisten Norweger sind Falben und haben die typische schwarz-weiße Mähne. Meist fällt diese über den massigen Hals der Tiere, doch hin und wieder ist sie auch in der unverwechselbaren Stehmähnenform geschnitten. Weitere Merkmale sind der Aalstrich und die Zebra-streifen. Der Aalstrich verläuft längs über den Rücken der Pferde und die Zebrastreifen befinden sich an den Beinen. Da es sich dabei eigentlich um spezielle Kennzeichen ost-europäischer und asiatischer Wildpferde handelt, erinnert ein Fjordpferd zum Beispiel stark an ein Przewalski. Auch im Körperbau sind Fjordis, wie sie liebevoll genannt werden, sehr ursprünglich. Sie sind stabil gebaut, tragen problemlos einen Erwachsenen und eignen sich deshalb auch für fast jede Form der Arbeit. Man kann mit Norwegern sowohl Western- als auch Freizeitreiten betreiben oder einen Wagen ziehen.

➡ Schon gewusst?

Es gibt acht verschiedene Varianten der hellbeigen Farbe der Norweger: Hellbraunfalben, Braunfalben, Dunkelbraunfalben, Rotfalben, Graufalben, Rapp-falben, Weißfalben, Gelbfalben.

Nordpferde

Fjordpferde werden auch Norweger genannt – nach ihrer Heimat Norwegen in Skandinavien.

Stehmähne

Die Stehmähne ist ganz typisch für die Norweger.

Aalstrich

Auch der Aalstrich gehört zu den typischen Rassemerkmalen.

Steckbrief

Fjordpferd, Norweger, Norwegisches Fjordpferd

Herkunft: Norwegen

Größe: 138–148 Zentimeter

Farben: Falben

Falbe

Alle Fjordpferde sind Falben – und fast alle haben eine zweifarbige Mähne.

Französischer Traber

Steckbrief

Französischer Traber

Herkunft: Frankreich

Größe: 160–170 Zentimeter

Farben: alle Farben, oft Füchse und Braune

Französische Traber werden genau wie Deutsche Traber hauptsächlich für Pferderennen gezüchtet. Allerdings sind sie oft größer als ihre deutschen Verwandten. Ursprünglich wurden sie nämlich zum Tragen von Lasten gezüchtet und dafür brauchten die Traber einen kräftigen Rücken. Sie sind in Frankreich als eigene Rasse aus Anglo-Normannen, russischen Orlow-Trabern, Norfolks und Vollblütern entstanden. Inzwischen werden sie, genau wie der Deutsche Traber auch, mit Amerikanischen Trabern gekreuzt, sodass die Unterschiede untereinander immer geringer werden. Aber anders als in Deutschland werden Traber in Frankreich auch im Rennen geritten: Es gibt sowohl Trabrennen vor dem Sulky als auch unter dem Reiter. Die Französischen Traber gelten als ausgezeichnete Reitpferde und sind als solche in Frankreich durchaus beliebt.

Angeberwissen

▶ Französische Traber gehören zu den besten Trabrennpferden der Welt.

▶ Sie sind sehr ausdauernd und eignen sich daher auch sehr gut für Distanzritte.

Einheitlich

Auch wenn es die Französischen Traber in allen Farben gibt, sind die meisten von ihnen braun.

In Frankreich gibt es viele Traber. Daher sind Traber-Fohlen keine Seltenheit.

Frederiksborger

Ein etwas grober, geramster Kopf mit stark gewölbtem Nasenrücken, ein kräftiges Pferd mit hoher Aktion der Vorderhand – das ist ein seltener Frederiksborger. Gezüchtet mit neapolitanischen und spanischen Hengsten, war der Frederiksborger ein barockes Pferd, das vor allem Paradezwecken diente. Als weniger Pferde für die höfischen Paraden benötigt wurden, versuchte man, aus den prachtvollen Pferden zunächst Arbeitspferde, später moderne Reitpferde zu züchten. Dabei wurden die Frederiksborger fast ausgerottet. Inzwischen hat man erkannt, dass diese Pferde etwas ganz Besonderes sind, und beginnt, sie wieder zu züchten. Sicherlich spielt dabei auch das wachsende Interesse an der klassischen oder barocken Reitweise eine große Rolle.

Barocke Füchse

Frederiksborger sind Barockpferde. Inzwischen sind die meist fuchsfarbenen Pferde leider zu einer echten Seltenheit geworden.

Aus alten Zeiten

Dieser Reiter und sein Pferd wirken wie aus einem alten Film entsprungen.

Reitkunst

Für die Klassische Reitkunst sind die barocken Frederiksborger hervorragend geeignet.

Das Gestüt Frederiksborg wurde 1560 von Frederik II. gegründet.

Steckbrief

Frederiksborger

Herkunft: Dänemark

Größe: ca. 160 Zentimeter

Farben: oft Füchse

Freiberger

Ein Freiberger ist ein Kaltblutpferd. Obwohl er sich kaum von vielen Warmblutpferden unterscheidet, gehört er zu den Kaltblütern, bei denen man meist nur ganz schwere Arbeitspferde erwartet. Tatsächlich ist der Freiberger auch ein Arbeitspferd, das jedoch leicht und kräftig genug ist, um sich geschickt in den Schweizer Bergen bewegen und einen Pflug oder einen Wagen ziehen zu können. Noch heute werden die jungen Pferde in der Schweiz vor dem Wagen geprüft. So ein Test entscheidet dann, wie gut ein Pferd bewertet wird. Freiberger eignen sich zudem sehr gut als Freizeit- oder auch als Therapiepferde.

Freiberger wachsen in der Schweiz auf den Almen auf. Dort haben sie viele Wiesen zum Grasen und können sich ausgiebig austoben.

Ein gutes Team
Die Fahrer schätzen die Zuverlässigkeit der Freiberger.

Einspänner

Fahrpferd
Die jungen Freiberger werden nicht nur im Reiten, sondern auch im Fahren ausgebildet.

▶ Schon gewusst?
Für ein Kaltblutpferd ist der Freiberger ein richtiges Leichtgewicht: Er wiegt nur etwa 550 bis 650 Kilogramm.

Steckbrief

Freiberger

- - - - - - - - - - - - - - - - - - - -

Herkunft: Schweiz

Größe: ca. 150 Zentimeter

Farben: oft Füchse und Braune

Friese

Wellige Mähne

Lackschwarz, imposant, wehende Mähne und ein aufmerksamer Blick – ein Friese! Friesen wirken stolz und sehr groß. Mit ihrer langen, gewellten Mähne sind sie einfach eine wunderschöne Erscheinung! Friesen wurden zunächst für die Arbeit in der Landwirtschaft gezüchtet, zum Beispiel halfen sie den Bauern im niederländischen Westfriesland. Aufgrund ihrer beeindruckenden Erscheinung und ihrer Kraft wählte man sie im Mittelalter dann auch als Turnierpferde für Ritterspiele. Um einen Ritter mit seiner schweren Rüstung tragen zu können, musste ein Pferd sehr kräftig sein. Denn zusammen mit seiner Rüstung brachte dieser durchaus an die 250 Kilogramm auf die Waage.

Schnee? – kein Problem

Auch wenn Schnee in ihrer Heimat eher selten ist, macht er den Friesen nichts aus.

Steckbrief

Friese

- - - - - - - - - - - - - - - - - -

Herkunft: Niederlande

Größe: 150–175 Zentimeter

Farben: Rappen

Angeberwissen

▶ Friesen werden auch als schwarze Perlen bezeichnet.

▶ Früher hat man den Tieren eine Nummer unter die Zunge tätowiert, um sie zu registrieren.

In Aktion

Das hohe Heben der Vorderbeine nennt man Knieaktion, obwohl das Knie beim Pferd eigentlich am Hinterbein sitzt.

Beliebte Freizeitpferde

Heute ist die Arbeit der Friesen leichter: Zwar werden sie vor den Wagen gespannt, aber die neueren Kutschen sind so leicht, dass sie nie mit dem enormen Gewicht eines Ritters in seiner Ausrüstung und mit Waffen mithalten könnten. Für den Fahrsport und als Dressurpferde im klassischen, barocken Sinn haben Friesen wirklich Talent. Im Dressur-Turniersport sieht man sie allerdings selten. Dort sind ihre Bewegungen, der Trab mit der hohen Aktion der Vorderhand, weniger gefragt. Aber als Freizeitpferde sind sie sehr beliebt und viele Friesen haben zudem großen Spaß an Zirkuslektionen! Egal wie oder wo die Friesen eingesetzt werden – sie machen immer eine gute Figur!

Ritterspiele

Ritterspiele oder Ritterturniere gab es schon im Mittelalter. Bei diesen Turnieren traten Ritter gegeneinander an, um zu zeigen, wer von ihnen der beste und geschickteste Reiter und Kämpfer war. Es gab verschiedene Wettkämpfe und Disziplinen, bei denen man zum Beispiel seine Geschicklichkeit im Umgang mit der Lanze beweisen musste. Auch heute werden noch Ritterspiele veranstaltet. Allerdings wird dort nur noch zum Schein gekämpft. Im Vordergrund stehen dabei mehr die tollen Kostüme für Pferd und Reiter. Dennoch sind solche Veranstaltungen immer ein spannendes Spektakel!

Verspielt

Junge Friesenhengste kämpfen auch mal spielerisch miteinander. Aber eigentlich sind die großen, schwarzen Friesen sehr sanftmütige und freundliche Pferde.

Beliebtes Showpferd

Weil sie so imposant aussehen, werden Friesen auch gerne in Shows vorgestellt. Das sieht dann immer sehr beeindruckend aus!

Eine Kutschfahrt ...

Die Kutsche ist das traditionelle Einsatzgebiet der Friesen. Sie sind ausgesprochen schicke Fahrpferde!

Furioso

Die Rasse Furioso-North Star stammt von zwei Hengsten ab: Furioso (geb. 1835) und North Star (geb. 1844). Zunächst wurden mit diesen beiden Englischen Vollbluthengsten zwei Zuchtlinien geschaffen, die man 1885 schließlich zusammengeführt hat. Mit beiden Linien wurden Pferde gezüchtet, die sowohl als Arbeitspferde als auch als Reitpferde geeignet waren. Durch den großen Anteil an Vollblutpferden in der Zucht nennt man diese Linien auch Halbblüter – im Gegensatz zu den schwereren Warmblütern. Im Laufe der Zeit wurden die Pferde der Linie North Star dann aber weniger, sodass sich der kurze Name Furioso durchsetzte. Da die Furiosos vermehrt mit anderen ungarischen Warmblutpferden gekreuzt wurden, verschwanden sie leider ebenfalls fast. Ein paar Furioso-Pferde fanden aber eine neue Heimat in Bayern, wo sie die Zucht der ebenso seltenen Leutstettener bereicherten.

Schmale Blesse

Seltenheit

Furioso-Pferde sind sehr selten und sollten nicht mit den Nachkommen des Namensvetters Furioso II verwechselt werden.

Familie

Da diese Pferde so selten sind, werden heute leider kaum noch Fohlen geboren.

Halbblut

In der Furioso-Zucht stecken viele Vollblüter; daher nennt man sie auch Halbblüter.

Flocke

Ich bin ein Halbblüter!

Steckbrief

Furioso, Furioso-North Star

- -

Herkunft: Ungarn

Größe: ca. 160 Zentimeter

Farben: Braune

Gelderländer

Der Gelderländer ist ein ganz typisches Warmblutpferd, das heute leider nur noch selten vorkommt. Er ist unter anderem aus den Rassen Hannoveraner und Oldenburger entstanden und unterscheidet sich von diesen auch nicht sehr. Früher war der Gelderländer ein Arbeitspferd und wurde ausschließlich in den Regionen rund um die Provinz Gelderland gezüchtet. Er ist ein hervorragendes Fahrpferd mit einer tollen Ausstrahlung. Seine Bewegung der Vorderbeine ist etwas höher als bei anderen Rassen. Das fällt vor allem im Trab auf und wirkt sehr imposant. Sein Galopp ist aufgrund der ungewöhnlichen Gangarten nicht so gut, aber Springtalent haben die Gelderländer so ziemlich alle.

Die Gelderländer, die zu der Zuchtrichtung »Tuigpaard« gehören, haben besonders auffällige Gangarten.

Viele Braune
Die meisten Gelderländer sind Füchse oder Braune. Manchmal kommen aber auch noch andere Farben vor.

Steckbrief

Gelderländer

- - - - - - - - - - - - - - -

Herkunft: Niederlande

Größe: ca. 165 Zentimeter

Farben: oft Braune oder Füchse

Trab
Gelderländer sind wegen ihres auffälligen Trabes als Fahrpferde beliebt.

Gidran

B egonnen wurde die Zucht mit einem Hengst namens Gidran, einem Araber – daher auch der Name der Rasse. Der Gidran ist ein ungarischer Anglo-Araber, der ursprünglich für die Husaren gezüchtet wurde. Auch als Kutschpferd ist er gut geeignet. Doch der hohe Anteil an hochblütigen Pferden, wie Araber und Vollblüter, macht den Umgang mit diesen Pferden nicht immer ganz einfach: Sie gelten als sehr temperamentvoll. Auffällig ist bei dieser Rasse nicht nur die Fuchsfarbe, sondern auch die etwas gerade Kruppe, die als typisch für diese Pferde gilt. Heute ist die Rasse allerdings leider nicht mehr weitverbreitet. In Ungarn wird sie deswegen auch unter wissenschaftlicher Aufsicht fortgeführt.

Fuchs

Voller Energie
Gidrans sind sehr aufgeweckte und temperamentvolle Pferde. Die Gidran-Araber sind Pferde mit hohem Vollblut-Anteil. Sie »stehen hoch im Blut«, wie man unter Reitern sagt.

Steckbrief

Gidran, Ungarischer Anglo-Araber, Gidran-Araber

Herkunft: Ungarn

Größe: 155–169 Zentimeter

Farben: oft Füchse

Seidiges Fell
Wie alle Araber haben auch die Gidran-Araber recht feines Fell.

Damit die seltenen Gidran-Araber nicht aussterben, werden sie jetzt in Ungarn gezielt gezüchtet.

Angeberwissen

▶ In Ungarn werden fast ausschließlich Füchse gezüchtet.

▶ Außerhalb Ungarns, zum Beispiel in Rumänien, gibt es auch Braune und Schimmel.

Gotland Pony

Steckbrief

Gotland Pony, Russ, Skogsruss

Herkunft: Schweden

Größe: 110–130 Zentimeter

Farben: oft Braune und Rappen

So ein Russ ist nicht besonders groß. Dafür aber stämmig und kräftig.

D as Gotland Pony ist ein sehr ursprüngliches Pony. Es stammt von der schwedischen Insel Gotland, wo die Ponys noch immer in einem etwa 600 Hektar großen Naturreservat in halbwilden Herden gehalten werden. Das Gotland Pony ist sehr robust und genügsam und wird auch selten krank. Dennoch bekommen sie im Winter jeden zweiten Tag Heu zugefüttert, um die kalte Jahreszeit gut überstehen zu können. Traditionell diente das Gotland Pony immer als Reit- und Arbeitspony für die Menschen auf der Insel, die es noch heute vor ihre Wagen spannen. Da das Russ, wie man es in seiner Heimat auch nennt, ein so gutmütiges Pony ist, eignet es sich hervorragend als Kinderpony. Dadurch hat sich zudem eine eigene Disziplin entwickelt: das Pony-Trabrennen. Diese gibt es inzwischen in ganz Schweden.

➜ Schon gewusst?

Das Russ ist dem Urpony Skandinaviens noch sehr ähnlich. In Schweden wird es auch Skogsruss genannt, was so viel wie Waldpferd bedeutet.

Ich bin ein Rappe!

Flink

Rennpferd

Das Gotland Pony ist sehr flink: In Schweden gibt es extra Trabrennen für die schnellen Ponys!

Groninger

Der Groninger ist dem alten Ostfriesischen und Oldenburger Pferd sehr ähnlich: ein schweres Warmblut, wie es sie heute eigentlich nicht mehr gibt. Ein eben typisches Arbeitspferd für die Landwirtschaft. Die schweren Groninger haben etwas gröbere Köpfe als unsere modernen Sportpferde und auch Brust und Kruppe sind breiter. Man züchtet diese Art von Pferden mit drei guten Grundgangarten, wobei der Trab mit viel Schwung etwas ganz Besonderes ist. Leider gibt es inzwischen nur noch sehr wenige Züchter; daher waren die Groninger schon fast ausgestorben. Freizeitreiter schätzen sie aufgrund ihres freundlichen und umgänglichen Wesens und auch als Kutschpferde eignen sie sich ganz wunderbar.

Starke Typen

Groninger sind schwere Warmblutpferde, die sich sowohl fürs Reiten als auch zum Arbeitspferd eignen.

Der Trab des Groningers ist sehr schwungvoll.

Steckbrief

Groninger, Alt-Groninger

- -

Herkunft: Niederlande

Größe: bis 165 Zentimeter

Farben: oft Rappen und Dunkelbraune

Angeberwissen

▶ Der Oldenburger Gambo (geb. 1927) prägte maßgeblich die Zucht der Groninger.

▶ 60 seiner Söhne waren gekrönte Zuchthengste.

Die Heimat der Groninger sind die Niederlande.

Hackney

Schwungvoller Trab

Steckbrief

Hackney

Herkunft: England
Größe: 150–160 Zentimeter
Farben: alle Farben

Der Hackney ist wirklich ein Showstar! Eigentlich waren Hackneys Wagenpferde – mittelgroß und elegant. Der Schritt dieser Rasse ist meist nicht besonders gut. Auch der Galopp entspricht nicht dem, was man bei Reitpferden erwartet, aber die Trabbewegungen der Hackneys sind dafür umso auffälliger, da sie ihre Beine förmlich nach vorne und oben werfen. Das Zuchtziel ist ein Trab, der sehr weit nach vorne greift. Manchmal beschreibt man diesen auch als Propeller. Durch diese spezielle Gangart werden die Pferde zwar weniger leistungsstark, aber die Menschen sehen ihnen dafür gerne zu. So wurden aus den Kutschpferden Showkutschpferde. Schön sind vor allem die zarten Gesichter der edlen Wagenpferde, ihre Showbewegungen hingegen sind reine Geschmackssache.

Natürlich
Die Trabbewegungen der Hackneys sind im Allgemeinen sehr auffällig, doch hier ist der Trab noch ganz natürlich.

Unnatürlich
Solche Bewegungen sind auf keinen Fall natürlich, sondern wurden dem Pferd antrainiert.

Anspruchsvoll
Der Hackney hat ein feuriges Temperament und eignet sich daher nicht für Reitanfänger.

Haflinger

→ **Schon gewusst?**

Noch heute gehört zu den Prüfungen für Zuchtstuten die Zugleistungsprüfung. Dabei wird getestet, ob die Haflinger auch gute Fahrpferde sind.

Steckbrief

Haflinger

- -

Herkunft: Südtirol, Italien

Größe: 133–145 Zentimeter

Farben: Füchse mit heller Mähne

Kaum jemand kennt sie nicht: die blonden Füchse aus Südtirol. Haflinger gehören zu den beliebtesten aller Pferderassen. Kein Wunder, denn man erkennt sie sofort wieder und ihre meist lange, helle Mähne ist wirklich wunderschön! Noch dazu sind Haflinger außerordentlich vielseitig. Sie eignen sich für Kinder und Erwachsene, man kann sie Dressur reiten, mit ihnen springen, wanderreiten, fahren oder Westernreiten. Und manche Hafis, wie sie liebevoll genannt werden, sieht man sogar auf Turnieren.

Bergpony mit Herz

Neben ihrer Bewegungsvielfalt sind sie aber auch schlau und feinfühlig. Werden sie grob behandelt oder wollen sie ihre Interessen durchsetzen, können sie sich schon einmal etwas stur stellen. Ursprünglich war der Haflinger in den Südtiroler Bergen ein kleines Gebirgspferd und eher ein Kaltblut als ein Reitpferd. Heute sind die Tiere schmaler und durch die Kreuzung

← Reitpferd

Als Freizeitpferde sind Haflinger sehr beliebt. Sie können von Kindern, aber auch von Erwachsenen geritten werden.

mit Arabern auch deutlich sensibler geworden. Inzwischen werden sie in vielen Ländern oftmals wieder »rein« gezüchtet. Haflinger mit Araberanteil heißen deshalb Edelbluthaflinger.

Weltweit berühmt

Die Weltausstellung der Haflinger findet alle fünf Jahre in ihrer ursprünglichen Heimat in Südtirol statt. 2015 war der Fohlenhof Ebbs Austragungsort. Dort nahmen an der weltweit größten Zuchtschau auch 70 Pferde aus Deutschland teil. Insgesamt waren 700 Haflinger aus 18 Ländern vertreten.

Sportlich
Haflinger sind keineswegs nur langweilige, dicke Ponys: Sie können zum Beispiel super springen und haben sehr viel Mut!

Edelweiß

Angeberwissen

▶ Einen Haflinger erkennt man sofort an seiner hellen Mähne.

▶ Immer größer: Offiziell ist ein Haflinger zwischen 133 und 145 Zentimeter groß. Aber inzwischen gibt es auch welche, die über 150 Zentimeter groß sind.

▶ Das Brandzeichen der Haflinger ist das Edelweiß.

Spielgefährte
Die Jungpferde wachsen meistens gemeinsam auf. So haben sie immer einen Spielkameraden. Den brauchen sie genauso sehr wie wir Menschenkinder.

Sommerferien
In ihrer Heimat verbringen die Herden oft den ganzen Sommer gemeinsam auf den Weiden. Erst im Herbst geht es zurück in den heimischen Stall.

Zu süß
Besonders auf den Almen in den Südtiroler Bergen, wo viele Menschen Urlaub machen, findet man die süßen Haflinger-Fohlen.

Hannoveraner

Der Hannoveraner ist das typische deutsche Warmblutpferd unter den Sportpferden: großrahmig, sportlich, leistungsstark, mit raumgreifenden Bewegungen, einem angenehmen Temperament und leicht zu reiten. Hannoveraner sind sicher das am meisten verbreitete Sportpferd in Deutschland und der ganzen Welt. 2015 schätzte man die Zahl der Hannoveraner-Zuchthengste auf etwa 530 und jene der Hannoveraner-Zuchtstuten auf ungefähr 17 000! Wegen des großen Erfolges der Hannoveraner – und der Ähnlichkeit der Pferderassen – haben sich die Züchter der Rheinländer und des Hessischen Warmbluts jenen der Hannoveranern angeschlossen und bilden jetzt einen gemeinsamen Zuchtverband. Die Hannoveraner werden über Auktionen weltweit verkauft: Auf einer Auktion im Juli 2015 wechselten ganze 82 Reitpferde ihren Besitzer. Das teuerste Pferd wurde für 43 000 Euro in die Niederlande verkauft.

Hoch hinaus!

Auch springen können Hannoveraner sehr gut. Sie sind eben begabte Sportpferde in verschiedenen Disziplinen.

Wir sind ganz viele!

Hannoveraner sind weitverbreitet. Man findet sie nicht nur bei uns in Deutschland, sondern überall auf der Welt!

Gewinner

Eines der wohl erfolgreichsten Hannoveraner-Pferde ist Desperados FRH mit seiner Reiterin Kristina Sprehe.

Wir sind einfach die besten Sportpferde!

Steckbrief

Hannoveraner

Herkunft: Deutschland
Größe: 162–175 Zentimeter
Farben: alle Farben

Highland Pony

Steckbrief

Highland Pony

- -

Herkunft: Großbritannien

Größe: 132–148 Zentimeter

Farben: oft Schimmel und Falben

Ihre Herkunft ist nicht eindeutig geklärt, aber ihre Widerstandskraft ist sagenumwoben: Highland Ponys sind an die harten Lebensbedingungen des schottischen Hochlands sehr gut angepasst. Bei der Entstehung der Rasse sollen das Keltenpony wie auch die barocken Pferde der spanischen Eroberer des 16. Jahrhunderts eine Rolle gespielt haben. Herausgekommen sind Ponys, deren Fell oft hell ist und auf deren Rücken meist ein dunkler Aalstrich zu finden ist. Highland Ponys können viel Gewicht und somit ohne große Mühe einen Erwachsenen tragen. Da die Ponys sehr freundlich und gutmütig sind, werden sie in allen Reitsportdisziplinen eingesetzt. Sogar als Therapiepferde haben sie sich schon bewährt.

Genügsam

Highland Ponys gelten als robust und genügsam. Sie brauchen nicht viel und kommen auch in der rauen Natur gut zurecht.

Auf Trab

Die Ponys können auch einen Erwachsenen ohne Probleme tragen.

Grauschimmel

Schimmel

Viele Highland Ponys sind Schimmel. Aber es gibt auch andere Farben.

Sie sind wahre Alleskönner: Selbst einen Sprung kann man mit ihnen wagen.

Unglaublich!

In Sandstein gemeißelte Zeichnungen aus der Zeit um 500 bis 800 nach Christus zeigen Ponys, die den Highland Ponys sehr ähnlich sehen.

Holsteiner

Neben dem Hannoveraner ist der Holsteiner sicher eines der weltweit bekanntesten Sportpferde. Wie viele Warmblutpferde war auch der Holsteiner zunächst für die Feldarbeit vorgesehen, doch durch die Einkreuzung von Vollbluthengsten wurde er schließlich zum modernen Sportpferd umgezüchtet. Äußerlich entspricht er einem typischen Sportpferd: groß-rahmig, längerer Rücken und hübsches Gesicht. Die Spezialität des Holsteiners ist das Springen, aber er kann auch gut und schnell laufen. Zudem sind die Pferde sehr erfolgreich im Dressur- oder Vielseitigkeits-Turniersport. Das Springvermögen der Rasse war sogar in den Richtlinien für die Ursprungs-zucht vermerkt.

Steckbrief

Holsteiner

Herkunft: Deutschland

Größe: 162–175 Zentimeter

Farben: alle Farben

Weltklasse

So gut springen wie ein Holsteiner kann wohl kein anderes Pferd. Deshalb ist die Rasse auf Spring-turnieren sehr erfolgreich.

Wir sind die besten Spring-pferde der Welt!

Die jungen Holsteiner wachsen meist auf den Wiesen Schleswig-Holsteins auf.

Bronzestatue ➤

Angeberwissen

▶ Das Zentrum der Zucht ist in Elmshorn in Schleswig-Holstein. Dort steht der Holsteiner-Hengst Landgraf als lebensgroße Bronzestatue.

▶ Der Zuchthengst Landgraf I soll angeblich mehr als 1 600 Nachkommen gezeugt haben.

▶ Landgraf I ist einer der Hengste mit den höchsten Lebensgewinnsummen.

Huzule

➡ **Schon gewusst?**

In Oberösterreich und Wien gab es im 19. Jahrhundert mehr Huzulen als Haflinger; die wurden erst später vermehrt gezüchtet.

◀ **Schecke**

Schicker Schecke

Die meisten Huzulen sind Braune oder Falben. Doch es gibt sogar gescheckte Exemplare wie dieses hier.

Fleißige Gefährten

Huzulen gelten als fleißig. Sie können jederzeit auch eine Kutsche ziehen. Und das sogar einspännig, also ganz alleine!

Huzulen sind robuste Bergponys, deren Widerstandskraft und Tragkraft legendär sind. Ein doch relativ kleiner Huzule kann durchaus einen 200 Kilogramm schweren Hirsch durch die Berge tragen. Er braucht wenig Futter und ist dabei zäh und langlebig. 30 Jahre alte Huzulen sind nicht selten. Noch dazu sind die Ponys sehr hübsch: Sie haben feine Gesichter und manche von ihnen sind sogar gescheckt. Dabei stört es nicht, dass nach den Beurteilungskriterien für Reitpferde einige Huzulen deutliche Mängel aufweisen. So sind sie zum Beispiel hinten höher als vorne, also überbaut, wie man sagt. Der Leistungsfähigkeit der ehemaligen Arbeitspferde der Karpatenbauern schadet dies aber nicht.

Steckbrief

Huzule

- - - - - - - - - - - - - - - - - - -

Herkunft: Polen

Größe: 135–148 Zentimeter

Farben: oft Braune und Falben

Diese beiden zeigen die typische Fellfarbe der kräftigen Huzulen.

Angeberwissen

▶ Huzulen besitzen Merkmale von Wildpferden. Sie haben häufig einen Aalstrich auf dem Rücken und dunkle Farbstreifen an den Beinen.

▶ Sie stammen angeblich vom Urwildpferd Tarpan ab.

Irish Draught Horse

Ab ins Wasser!

So ein irisches Pferd ist nicht wasserscheu und geht ganz gern mal ins kühle Nass.

Das Irish Draught Horse ist ein kräftiges Pferd – relativ groß und schwer. Auf den ersten Blick könnte man manch ein Irish Draught Horse für ein leichtes Kaltblutpferd halten, aber es ist ein Warmblut. Die Tiere sind vielseitige Arbeitspferde, die neben Kraft auch viel Springtalent besitzen. Eigentlich bedeutet ihr Name »Irisches Zugpferd«, doch nachdem Arbeitspferde nicht mehr gebraucht wurden, zeigten Irish Draught Horses ihre Qualitäten als Reitpferde. Besonders beliebt sind sie als Jagdpferde, da sie ehrgeizig und leistungsbereit sind. Sehr erfolgreich sind auch die Pferde, bei denen Vollblüter mit Irish Draught Horses gekreuzt wurden: So entstanden die Irischen Sportpferde.

Schecke

Kraftpakete

Die Irish Draught Horses sind etwas kräftiger als Irish Sport Horses. So sind zum Beispiel ihre Beine stämmiger.

Steckbrief

Irish Draught Horse, Irish Draught, Irish Draft

- -

Herkunft: Irland

Größe: 155–174 Zentimeter

Farben: alle Farben, wenige Schecken

Ich stamme von der Grünen Insel!

Die Heimat der Pferde: die hügelige und grüne Landschaft Irlands.

▶ **Schon gewusst?**

Der traditionelle irische Name der Irish Draught Horses lautet Capall Tarraingthe Éireannach.

Irish Sport Horse

Das Irish Sport Horse springt ganz hervorragend!

Steckbrief

Irish Sport Horse, Irish Hunter

Herkunft: Irland

Größe: ca. 170 Zentimeter

Farben: oft Schimmel, Füchse und Braune

Gezielt veredelt

Die Irish Hunter wurden ganz gezielt mit vielen Vollblütern veredelt. Dadurch wurden sie viel sportlicher und leistungsfähiger.

Das Irish Sport Horse ist aus Irish Draught Horses und Vollblütern entstanden. Ziel der Zucht war ein Sportpferd, das leistungsbereit und langlebig sein sollte. Zudem liegt diesen Pferden das Springvermögen im Blut. Die Zucht gibt es noch nicht sehr lange, aber die Art der Kreuzung ist nicht neu: Früher nannte man diese Pferde Irish Hunter. Die genaue Abstammung der Hunter war unbekannt, es zählte lediglich, ob die Pferde gut springen konnten. Bei den Irish Sport Horses nimmt man es mit der Zucht genauer. Um mit guten Genen weiterzüchten zu können, klonte man sogar den berühmten Zuchthengst Cruising.

Angeberwissen

▶ Hunter ist eigentlich keine Rassebezeichnung, sondern ein Sammelbegriff für alltägliche Gebrauchspferde, wie zum Beispiel früher Jagdpferde.

▶ Die Jagd mit Pferden und Hundemeuten hat in Irland und England eine lange Tradition.

I wie ...

Islandpferd

Klein, viel Mähne, eher robust und wenig elegant – so wirkt ein Islandpferd vielleicht auf jemanden, der diese Ponys nicht kennt. Wer so ein flinkes, temperamentvolles Pony einmal unter dem Reiter gesehen hat, der weiß schnell Bescheid: Isländer haben nicht nur die drei Gangarten Schritt, Trab und Galopp, sie können auch im Tölt laufen – und manchmal sogar im Rennpass. Im Rennpass werden die jeweils äußeren Beinpaare gleichzeitig gesetzt – dazwischen liegt eine sogenannte Schwebephase, in der kein Huf am Boden ist. Carina Mayerhofer aus Österreich erritt zum Beispiel mit ihrem Schimmel Frami von St. Oswald im Jahr 2012 mit 51,8 Stundenkilometern auf 100 Metern den Weltrekord. Doch auch im Tölt können die Isis recht flott werden.

Große Familie

Viele Fohlen werden in Freiheit geboren und kommen erst im Herbst mit Menschen in Kontakt.

◄ Fohlen

Viele, viele bunte Pferdchen

Isis gibt es in allen Farben und diese Farben haben teilweise ganz ungewöhnliche Namen: Oder weißt du, wie ein Pferd aussieht, das erdwindfarben oder windfarben ist?

Bequem

Islandpferde gelten als bequeme Freizeitpferde: Es ist angenehm, sie zu reiten.

Auf der Suche nach den besten Futterplätzen zieht die Herde über die Ebene.

Kleine Helden

Die Isis, wie die Isländer auch genannt werden, sind mutig und tragen ohne Weiteres auch einen Erwachsenen über weite Strecken – wenn es sein muss, sogar übers Eis. Die Trittsicherheit der kleinen Pferde ist nämlich legendär! Auch wenn die Tiere sehr robust wirken, erkranken leider manche Islandpferde, die von Island nach Deutschland gebracht werden, hier bei uns am sogenannten Sommerekzem. Pferde, die an dieser Erkrankung leiden, reagieren zum Beispiel allergisch auf den Speichel der Kriebelmücken und scheuern sich oft an Schweif und Mähne. Auch Pferde anderer Rassen können daran erkranken, aber Isis, die nicht hier geboren wurden, scheinen anfälliger zu sein.

Auf sich gestellt

Islandpferde leben in ihrer Heimat oft den ganzen Sommer hindurch frei auf den Hochebenen, brauchen wenig Futter und haben dichtes Fell, das sie vor der Witterung schützt. Der Hengst läuft mit der Herde mit und deckt die Stuten, die dann im nächsten Jahr ein Fohlen bekommen sollen. Die Jungpferde leben meist in ihren eigenen kleinen Gruppen. Erst im Herbst ist die Freiheit vorbei und die Pferde ziehen zurück an die Höfe, wo sie im Schutz der Stallungen den harten isländischen Winter verbringen.

Selbst Schnee und Eis machen den Islandpferden nichts aus!

Angeberwissen

▶ Islandpferde, die auf Island geboren wurden, dürfen zwar ihre Heimat verlassen und verkauft werden, aber sie dürfen nie wieder zurückkehren.

▶ Es dürfen keine Pferde nach Island einreisen, damit sich dort keine Seuchen ausbreiten können.

Wir gehen reiten!

Freust du dich auf deine Reitstunde? Dazu ziehst du sicher schon zu Hause deine Reitsachen an. Wichtig ist natürlich der Reithelm. Er sollte dir wirklich gut passen und eine aktuelle Prüfnorm haben, die bestätigt, dass er auf seine Sicherheit getestet ist. Den Helm solltest du in einem Reitsportgeschäft kaufen, wo man dich beraten kann. Dann brauchst du noch geeignete Schuhe oder Stiefel. Dabei ist wichtig, dass du mit den Schuhen nicht durch die Steigbügel rutschen kannst. Sie sollten hoch genug sein und einen Absatz haben. Ob du mit Schuhen oder Stiefeln reitest, ist Geschmackssache. Zu den Schuhen kannst du Chaps oder eine Jodhpurhose tragen. Zu den Stiefeln gibt es spezielle Stiefelhosen. Wenn du aber erst einmal testen möchtest, ob dir das Reiten überhaupt gefällt, kannst du auch mit einer Leggins oder Jeans zu deiner ersten Reitstunde gehen.

Was das Pferd braucht

Auch das Pferd braucht eine passende Ausrüstung zum Reiten. Dazu gehören eine Trense mit Gebiss und ein passender Sattel. Dieser ist wichtig, denn sonst hat das Pferd Schmerzen beim Reiten. Er darf nicht auf dem Widerrist aufliegen und sollte, wenn er angegurtet ist, nicht nach vorne und hinten kippeln. Die korrekte Passform sollte dein Reitlehrer prüfen. Frag ihn also ruhig, ob alles richtig sitzt. Mehr braucht ein Pferd eigentlich nicht zum Reiten. Wenn es warm gelaufen ist, kann es sein, dass es Ausbindezügel eingeschnallt bekommt. Das hilft ihm, in einer angenehmen Körperhaltung zu laufen, wenn es einen Reitanfänger trägt. Wichtig ist aber, dass es sich vor und nach dem Reiten trotzdem strecken kann. Auch ein Martingal ist manchmal hilfreich, wenn es richtig verschnallt ist. Andere Ausbindezügel sollten nicht verwendet werden.

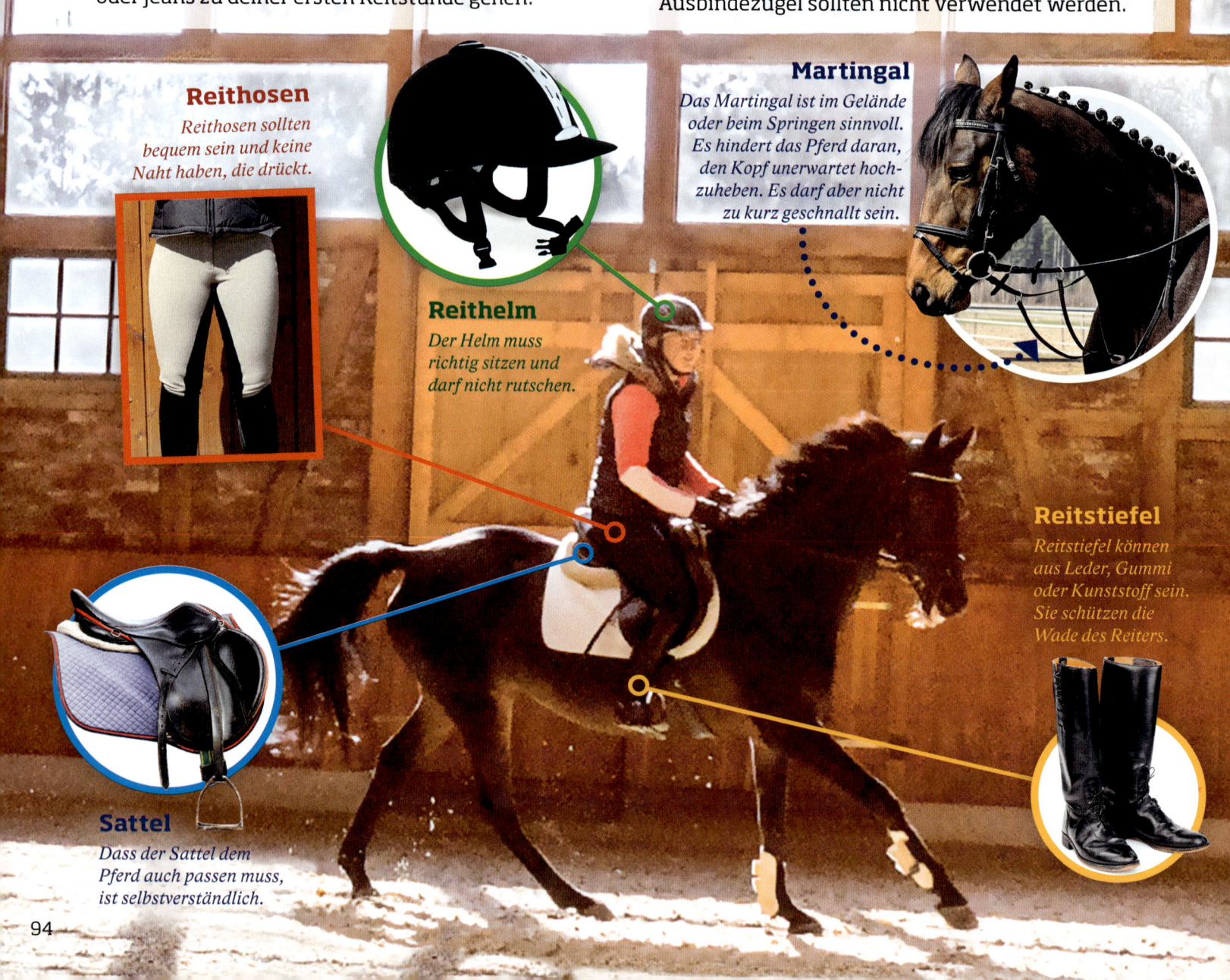

Reithosen

Reithosen sollten bequem sein und keine Naht haben, die drückt.

Martingal

Das Martingal ist im Gelände oder beim Springen sinnvoll. Es hindert das Pferd daran, den Kopf unerwartet hochzuheben. Es darf aber nicht zu kurz geschnallt sein.

Reithelm

Der Helm muss richtig sitzen und darf nicht rutschen.

Reitstiefel

Reitstiefel können aus Leder, Gummi oder Kunststoff sein. Sie schützen die Wade des Reiters.

Sattel

Dass der Sattel dem Pferd auch passen muss, ist selbstverständlich.

Richtig auftrensen

1 Zuerst legst du die Zügel über den Hals des Pferdes und greifst mit der rechten Hand, in der du die Trense hältst, um seinen Kopf herum. Dann schiebst du mit der linken Hand das Trensengebiss ins Pferdemaul.

2 Als nächstes ziehst du das Genickstück vorsichtig über die Ohren.

3 Nun kannst du den Kehlriemen und den Nasenriemen von oben nach unten schließen.

Pfeeeertig!!!

Zaumzeug

Das Zaumzeug sitzt richtig, wenn der Nasenriemen, hier das englische Reithalfter, noch Platz für zwei aufrecht stehende Finger lässt. Zwischen Kehlriemen und Kehle sollte noch eine Hand passen.

Nasenriemen

Stirnriemen

Genickstück

Kehlriemen

Reithalfter

Zügel

Hufschlagfiguren

Damit nicht alle Reiter durcheinanderreiten und sich in die Quere kommen, wird in der Reitstunde meistens in der Abteilung, also hintereinander geritten.

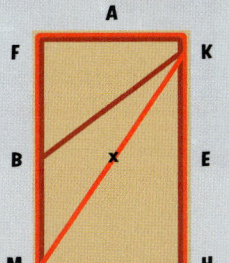

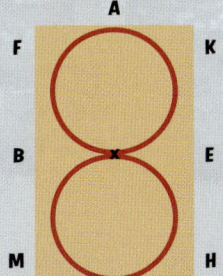

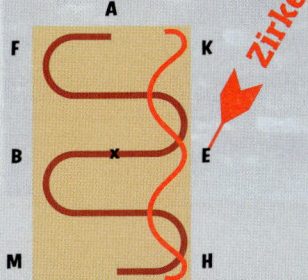

Zirkelpunkt

Durch die Bahn wechseln

Beim Wechseln durch die halbe Bahn reitest du, wenn du aus der Ecke auf die lange Seite kommst, von einem Buchstaben quer durch die Halle bis in die Mitte der langen Seite. Beim Wechseln durch die ganze Bahn kommst du erst weiter hinten, beim nächsten Buchstaben an.

Auf dem Zirkel geritten

Auf dem Zirkel geritten bedeutet, dass du einen großen Kreis reitest: Der Kreis geht von einem Buchstaben in der Mitte der kurzen Seite zum Punkt an der langen Seite, von dort zur Mitte, die X genannt wird, und wieder zum Punkt an der langen Seite.

Schlangenlinien

Schlangenlinien durch die Bahn oder an der langen Seite dienen der Gymnastizierung deines Pferdes. An der langen Seite werden nur ein oder zwei Schlangenlinien geritten, bei Bögen durch die ganze Bahn sind drei oder vier Bögen üblich.

So wird geritten

Die Reitweisen sind in den verschiedenen Ländern unterschiedlich. Entstanden sind sie meistens aus dem Alltag und wofür man die Pferde brauchte. Das Westernreiten entstand so zum Beispiel aus dem Arbeitsalltag der Cowboys, das Englische Reiten aus dem klassischen Reiten und der Militärreiterei. Die Pferde wurden so gezüchtet, dass sie möglichst gut für die jeweilige Reitweise geeignet waren.

Springen

Hier wird über einen Steilsprung geritten. Das heißt, das Pferd muss das Hindernis hoch, aber nicht weit überspringen.

2

Hindernis

Englisch reiten

Die Englisch genannte Reitweise ist aus dem klassischen Reiten entstanden. Die Grundlage hierfür bildet die Skala der Ausbildung. Nach dieser Skala sollten alle Pferde ausgebildet und geritten werden. Sie beruht auf den Bausteinen Takt, Losgelassenheit, Anlehnung, Schwung, Geradrichten und Versammlung. Ihr Ziel ist die Durchlässigkeit. Die typischen Disziplinen dieser Reitweise sind Dressur (1), Springen (2) und Vielseitigkeit (3).

1

Vielseitigkeit

Zur Vielseitigkeit, der Krone der Reiterei, gehören Dressur, Springen und ein Geländeritt. Dabei geht es über feste Hindernisse und auch durchs Wasser.

Dressur

Bei der Dressur wird eine Art Gymnastik fürs Pferd gezeigt. Es werden auch Lektionen geritten, die zum Imponiergehabe von Pferden gehören.

Wassergraben

3

Skala der Ausbildung

Der erste Punkt der Skala ist der Takt. Damit ist gemeint, dass das Pferd in einem gleichmäßigen, natürlichen Takt geht, der nicht durch den Reiter gestört wird. Man sagt auch, der Takt sei das räumliche und zeitliche Gleichmaß der Tritte. Losgelassenheit bedeutet, dass das Pferd nicht verspannt ist und mit losgelassenem Rücken entspannt gehen kann. Erst wenn Takt und Losgelassenheit erreicht sind, kann das Pferd in Anlehnung geritten werden. Die Anlehnung meint die weiche und gleichmäßige Verbindung vom Gebiss über die Zügel zur Hand des Reiters. Dabei sollte der Schwung erhalten bleiben; damit ist der Schwung der Bewegung aus der Hinterhand des Pferdes bis nach vorne gemeint. Nur wenn die vorherigen Punkte alle erfüllt sind, kann das Pferd gerade gerichtet werden, also mit Vorder- und Hinterbeinen gleichmäßig in einer Spur gehen. Aus all diesen Punkten folgt die Versammlung. Das heißt, das Pferd beugt die Hinterhand vermehrt, tritt weiter unter den Körperschwerpunkt und wirkt vorne ausgerichtet.

Pyramide:
- Versammlung
- Geraderichtung
- Schwung
- Anlehnung
- Losgelassenheit
- Takt

Durchlässigkeit
Gleichgewicht

Lasso ➤

Das Lasso gehört zur Rinderarbeit – einer alltäglichen
Arbeit eines jeden Cowboys.

Rinderherde

Westernreiten

Das Westernreiten ist eine Arbeitsreitweise,
die aus dem Alltag der amerikanischen
Cowboys entstanden ist. Diese waren oft den
ganzen Tag auf ihren Pferden unterwegs,
um ihre Rinderherden zusammenzuhalten
oder einzelne Rinder auszusortieren.

Sliding Stop

*Beim Sliding Stop bremsen
Pferde so abrupt, dass ihre
Vorderbeine noch weiterlaufen,
während die Hinterbeine
rutschen. Dieses Rutschen
heißt auf Englisch »sliding«.*

➤ Schon gewusst?

*Pferd und Reiter müssen
Westernreiten erst einmal
richtig lernen. Aber viele
Reiter fühlen sich in den
bequemen Sätteln von
Anfang an sehr wohl.*

Wie die Cowboys

Beim Westernreiten werden die Hilfen für das Pferd
als Impulse oder Signale gegeben. Das bedeutet, dass
das Pferd, das zum Beispiel die Hilfe für den Galopp
bekommen hat, so lange weitergaloppiert, bis es eine
andere Hilfe bekommen hat. Bei dieser Reitweise ist
die Verbindung von der Hand zum Zügelmaul nicht so
konstant, da das Pferd bereits gelernt haben sollte,
selbstständig in der geforderten Haltung zu bleiben.
Der Reiter sitzt meistens etwas entspannter auf dem
Pferd – zumindest sieht es cooler aus, wenn er ein-
händig reitet. Aber natürlich muss das Pferd ebenso
sorgfältig ausgebildet sein wie
für das Englische oder klassische Reiten. Beim Westernreiten gibt es noch Disziplinen,
die wirklich aus dem Arbeitsalltag kommen, wie die Arbeit
mit Rindern. Aber es gibt auch
die Dressur, die Reining genannt wird, und die Pleasure,
bei der gezeigt wird, wie entspannt man auf einem gut
gerittenen Pferd sitzen kann.

Sattelarten

(1) Westernsattel
*Der Westernsattel hat eine
breite Auflagefläche auf dem
Rücken des Pferdes.*

(2) Vielseitigkeitssattel
*Der Vielseitigkeitssattel bietet
dem Reiter viel Halt, auch
beim Springen und im Gelände.*

(3) Barocksattel
*Der Barocksattel eignet sich
für das klassische Reiten.
Er hat vorne und hinten eine
sogenannte Galerie.*

Die Gangarten

Die meisten Tiere, die auf vier Beinen laufen, gehen im Schritt, Trab oder springen eine Art Galopp. Hunde haben beispielsweise die gleichen Gangarten wie Pferde. Beim Pferd hört man die einzelnen Tritte natürlich besonders gut, wenn es mit Hufeisen beschlagen wird. Die Gangarten werden bei bestimmten Prüfungen besonders bewertet.

V-Schritt

Schon gewusst?

Im Galopp macht das Pferd sogenannte Galoppsprünge. Zwischen den Sprüngen liegt eine Schwebephase, während der alle vier Beine des Pferdes in der Luft sind und den Boden nicht berühren.

Schwebephase

Schritt

Der Schritt ist eine Gangart im Viertakt. Die Hufe werden nacheinander gesetzt. Die Reihenfolge ist vorne rechts, hinten links, vorne links und hinten rechts. Beim korrekten Schritt kann man erkennen, dass, während das Hinterbein nach vorne greift und das Vorderbein noch unter dem Körper ist, eine Art V entsteht.

Tölt

Der Tölt ist ebenfalls eine Gangart im Viertakt. Die Fußfolge ist die gleiche wie im Schritt. Durch die höhere Geschwindigkeit berühren aber immer nur ein Huf beziehungsweise zwei Hufe den Boden. Tölt zeigen quasi alle Gangpferde, also die Pferde, die mehr Gänge als Schritt, Trab und Galopp haben. Der Tölt wird bei manchen Gangpferden anders genannt, wie zum Beispiel bei den Pasos. Der Tölt des Paso Fino heißt entweder Classic Fino, Paso Corto oder Paso Largo. Bei manchen Gangpferden ist der Viertakt in Richtung Pass oder Trab verschoben. Gewünscht ist in der Regel aber ein klarer Viertakt.

Galopp

Der Galopp ist eine sogenannte gesprungene Gangart. Der Bewegungsablauf im Linksgalopp sieht wie folgt aus: hinten rechts, hinten links und vorne rechts gleichzeitig und dann vorne links. Im Rechtsgalopp ist es genau umgekehrt: hinten links, hinten rechts und vorne links gleichzeitig und dann vorne rechts. Der Galopp, bei dem das rechte Vorderbein weiter nach vorne tritt, ist also der Rechtsgalopp. Das kann man sogar vom Sattel aus sehen.

Trab

Der Trab ist eine Bewegung im Zweitakt. Zwischen den Tritten gibt es eine Schwebephase, die teilweise deutlich sichtbar ist. Sie führt aber dazu, dass der Trab schwerer auszusitzen ist, da der Rücken des Pferdes mehr schwingt. Die Reihenfolge der Tritte im Trab ist vorne links und hinten rechts, Schwebephase, vorne rechts und hinten links, Schwebephase.

Rennpass

Im Pass setzt das Pferd immer die äußeren beiden Beinpaare gleichzeitig. Wenn es statt Schritt passartig geht, so ist das unerwünscht, kommt aber immer wieder bei verspannten Pferden vor. Ein richtiger Rennpass ist etwas Besonderes und kommt nur bei den Isländern vor. Ein Isländer, der dieses Talent hat, wird Fünfgänger genannt. Wenn er in den Rennpass gelegt wird, wie man sagt, wird er sehr schnell.

Die Sprache des Reiters

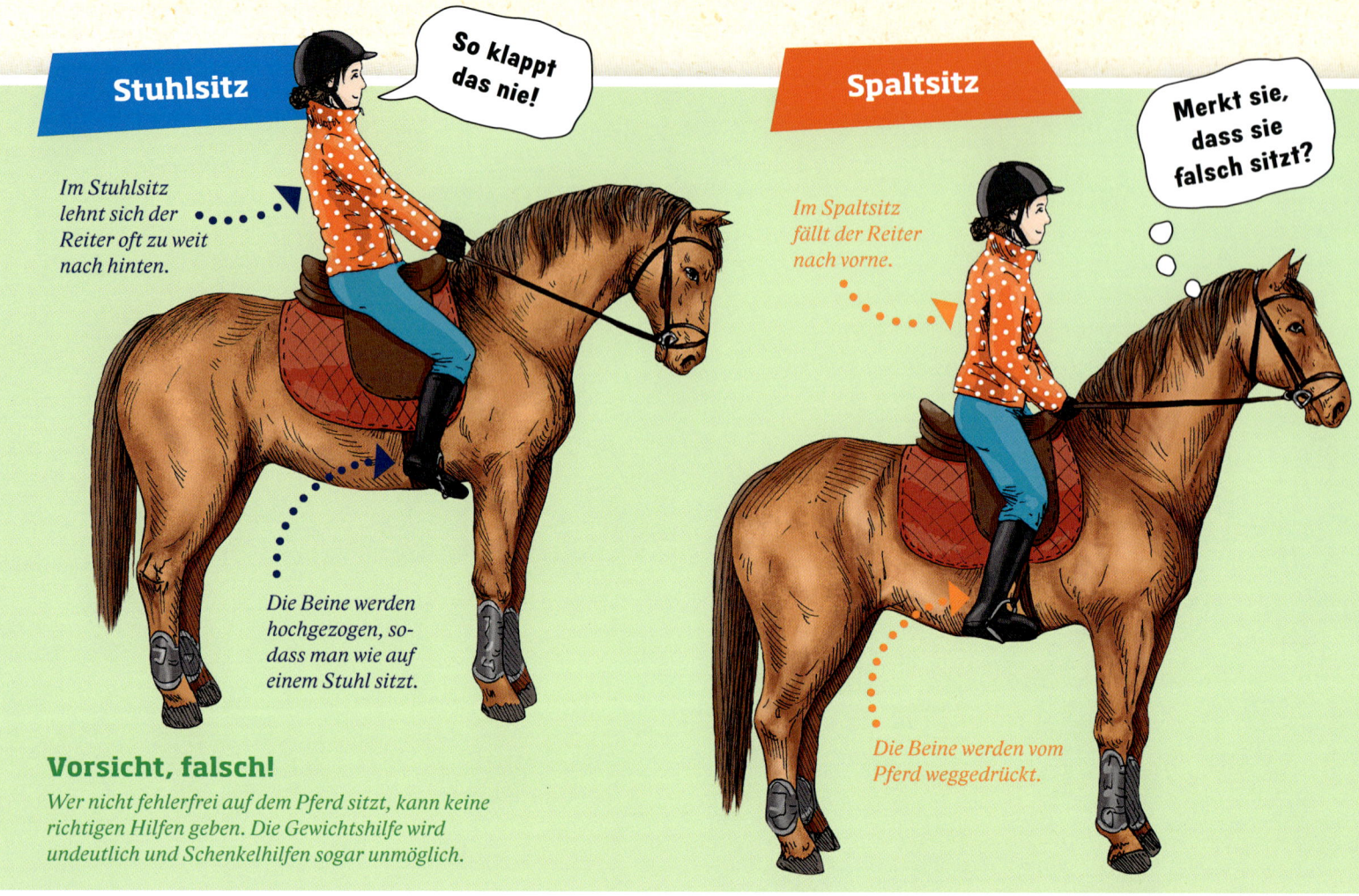

Stuhlsitz

So klappt das nie!

Im Stuhlsitz lehnt sich der Reiter oft zu weit nach hinten.

Die Beine werden hochgezogen, sodass man wie auf einem Stuhl sitzt.

Vorsicht, falsch!
Wer nicht fehlerfrei auf dem Pferd sitzt, kann keine richtigen Hilfen geben. Die Gewichtshilfe wird undeutlich und Schenkelhilfen sogar unmöglich.

Spaltsitz

Merkt sie, dass sie falsch sitzt?

Im Spaltsitz fällt der Reiter nach vorne.

Die Beine werden vom Pferd weggedrückt.

Die wichtigste Sprache des Reiters, um mit seinem Pferd zu kommunizieren, sind die Reiterhilfen. Dazu gehören neben der menschlichen Stimme Sitz-, Schenkel- und Zügelhilfe. Die Stimme ist vor allem für junge Pferde sehr wichtig, da sie die anderen Hilfen noch nicht so gut verstehen. In Dressurprüfungen ist die Stimmhilfe allerdings nicht erlaubt.

Lenken durch richtiges Sitzen

Die Sitzhilfe ist die bedeutendste Reiterhilfe, denn wenn du auf dem Pferd sitzt, dann spürt es jede deiner Bewegungen. Setz dich einmal auf einen Gymnastikball und bewege deinen Oberkörper nach vorne – merkst du, wie der Ball nach hinten gedrückt wird? Und nun setz dich wieder gerade hin und drehe deinen Oberkörper zur Seite: Der Ball wird zur anderen Seite gedrückt, richtig? So wie du den Ball durch deine Sitzhaltung bewegen kannst, bewegst du auch dein Pferd. Je mehr du dich mit dem Oberkörper vor- oder zurücklehnst, wird der Pferderücken entsprechend mehr oder weniger belastet.

Für das Pferd fühlt es sich dann an, als wolltest du es bremsen oder schneller werden. Und dafür brauchst du noch nicht einmal den ganzen Oberkörper. Du kannst das alles allein mit der richtigen Bewegung deines Beckens erreichen. Je nachdem in welche Richtung du dein Becken verschiebst, wird dein Pferd auch in diese Richtung gehen.

Schenkelhilfe

Die Schenkelhilfe ist ebenfalls sehr wichtig, damit dein Pferd dich versteht. Du kannst dein Pferd mit dem Schenkel nicht nur vorwärts, sondern auch seitwärts treiben, sodass es mit dem ganzen Körper zur Seite tritt beziehungsweise mit der Hinterhand herumtritt. Dafür wird der Schenkel nicht wie sonst am Gurt, sondern eine Handbreit hinter dem Sattelgurt angelegt. Legst du ihn noch ein wenig weiter nach hinten, so wirkt er verwahrend, er begrenzt also den Körper des Pferdes seitlich. Damit kannst du dein Pferd zum Beispiel auch bremsen, wenn es zur Seite tritt.

Die Zügel

Die Zügelhilfe ist die Hilfe, die du am vorsichtigsten einsetzen solltest. Schon im Stand kannst du spüren, wie dein Pferd vielleicht kaut und das Gebiss, das es im Maul liegen hat, ein wenig hin- und herbewegt. Beim Gebrauch der Zügelhilfe solltest du immer daran denken, dass das Pferd dort schon die kleinste Bewegung spürt. Eine Zügelhilfe kann nachgebend, annehmend, durchhaltend, verwahrend und auch seitwärtsweisend sein. Diese Hilfen werden durch vorsichtiges Eindrehen der aufgestellten Hände gegeben. Das geschieht durch ganz leichte Bewegungen – so als wenn du ein weiches Schwämmchen auspressen würdest.

Künstliche Hilfe

Du kannst deine Hilfen auch mit einer Gerte unterstützen. Beim Führen am Boden ist sie dein verlängerter Arm, beim Reiten unterstützt sie deine Schenkelhilfen. Legst du die Gerte an der Schulter des Pferdes an, dann begrenzt du es seitlich und unterstützt auch deine Zügel- und Sitzhilfen. Meistens verwendet man eine Gerte treibend, man lenkt also damit. Dabei darf sie nur aufmunternd eingesetzt werden. Dass man ein Pferd damit nicht schlägt, sollte selbstverständlich sein!

So ist es richtig: Schulter und Hüfte bilden eine Linie, die Hände werden aufrecht, eine Handbreit über dem Widerrist des Pferdes getragen.

Falsch

Richtig

Nur eine aufgerichtete Hand kann feine und weiche Hilfen geben. Schließlich spürt das Pferd jede Bewegung im Maul!

Lenkhilfe

Der Schenkel liegt eine Handbreit hinter dem Gurt. Der Reiter treibt, also lenkt das Pferd seitwärts.

Dressurgerte

Die Dressurgerte ist exakt so lang, dass damit das Pferd an der Hinterhand angetickt werden kann.

Springgerte

Die Springgerte wird oft nur an der Schulter des Pferdes angelegt. Mit ihr gibt man nur einen aufmunternden Klaps.

Reiten als Sport

Zum Reitsport gehören verschiedene Disziplinen. Manche von ihnen hast du vielleicht schon mal im Fernsehen gesehen. Einige dieser Disziplinen sieht man sogar bei den Olympischen Spielen.

Wasserhindernis

Hoch hinaus

Beim Springen werden unterschiedliche Hindernisse überwunden. Manchmal sind das nur Cavallettis, das sind kleine Hindernisse, bei denen eine Stange auf zwei Kreuzen aufliegt, manchmal aber auch Sprunghöhen bis zu 1,60 Metern. Auf den großen Turnieren sind bis zu zehn Sprünge in einem Parcours zu überwinden – das ist schon eine Meisterleistung! Besonders wenn diese auch noch fehlerfrei gesprungen werden.

Dressur

In der Dressur zeigt ein Pferd, wie gut es geritten wird und was es in seiner Ausbildung gelernt hat. Die Lektionen, die in den höheren Klassen gezeigt werden, wie Piaffe oder Passage, stammen aus dem Imponierverhalten des Pferdes. Es wird dem Pferd also nichts andressiert, sondern es lernt lediglich, sich unter dem Reiter losgelassen zu bewegen und in Versammlung zu laufen.

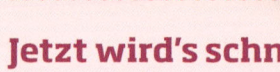

Sulky

Jetzt wird's schnell

Trab- und Galopprennen werden auf extra angelegten Rennbahnen durchgeführt. Für die Rennen werden spezielle Rennpferde gezüchtet. Für die Trabrennen, die meistens mit einem Sulky, einer Art kleinen Kutsche, durchgeführt werden, züchtet man Traber. Die Galopprennen bestreiten meistens Vollblüter. Es gibt manchmal aber auch Araberrennen und ab und zu werden Rennen für andere Rassen angeboten. Bei den großen Rennveranstaltungen können die Zuschauer sogar wetten, welches Pferd als Erstes durchs Ziel kommen wird.

Turnen auf dem Pferd

Das Turnen auf dem Pferd nennt man auch Voltigieren. Dabei wird das Pferd in der Mitte von einem Longenführer gelenkt, während andere auf dem Pferd bestimmte Übungen vollführen. Am Anfang wird noch im Schritt geübt, aber später galoppiert das Pferd dann. Bei Fortgeschrittenen wird aus dem Turnen schließlich wahre Akrobatik, die jeden zum Staunen bringt!

Westernreiten

Zum Westernreiten gehören viele verschiedene Disziplinen. Reining (1) ist die Dressur der Westernreiter, bei der bestimmte Übungen wie der spektakuläre Sliding Stop (2) gezeigt werden. Beim Cutting wird ein Rind aus der Herde aussortiert (3). Dabei muss das Pferd wahnsinnig schnell reagieren und die Bewegungen des Rindes quasi schon vorausahnen. Beim sogenannten Pleasure zeigt der Reiter, dass es ein Vergnügen ist, sein angenehmes, gut ausgebildetes Pferd zu reiten. Weitere Disziplinen sind Hunter Under Saddle, Westernriding und Horsemanship.

Distanzreiten

Distanzritte sind Wettkämpfe, bei denen auf den ersten Blick das schnellste Pferd gewinnt. Aber schnell zu sein alleine reicht hier nicht aus – das Pferd muss auch topfit sein. Dafür sorgen Tierärzte, die die Pferde immer wieder während des Distanzrittes und auch noch nach dem Zieleinlauf kontrollieren. Ein Distanzpferd muss ganz besonders ausdauernd sein. Die Wettkämpfe gehen von 25 bis 160 Kilometer an einem Tag. Kürzere Wettkämpfe kann eigentlich jedes gesunde Pferd bestreiten, aber auf den ganz langen Ritten sind überwiegend Araber unterwegs.

Turniere und Abzeichen

Vorne dabei

Die ganz großen Turniere sind nur was für echte Profis, wie die deutsche Dressurreiterin Helen Langehanenberg auf ihrem Pferd Damon Hill.

Eingeflochtene Mähne

Reitabzeichen Klasse 5

Turniere können viel Spaß machen! Oft geht es gar nicht darum, etwas zu gewinnen, sondern einfach dabei zu sein und Spaß mit dem Pferd und Freunden zu haben. Kleine Wettbewerbe oder Rallyes, bei denen spielerische Aufgaben gelöst werden müssen, sind da ein toller Einstieg.

Aller Anfang

Es gibt Wettkämpfe, für die braucht man noch nicht mal ein Reitabzeichen. Sie werden nach der sogenannten WBO (Wettbewerbsordnung) veranstaltet. Dazu gehören Dressur-, Spring- und Geländereiterwettbewerbe, einfache Reiterwettbewerbe, Longenreiterwettbewerbe, Fahrerwettbewerbe und Führzügelklassen aller Art. Auch ganz andere Prüfungen wie Geländeritte oder Trailaufgaben und Gelassenheitsprüfungen sind ein Teil davon. Dressur-, Spring- und Geländeprüfungen hingegen werden nach den Regeln

der Deutschen Reiterlichen Vereinigung, kurz FN (Fédération Equestre Nationale), veranstaltet. Um dabei mitmachen zu können, brauchst du ein Reitabzeichen der Klasse 5. Voraussetzung für dessen Erwerb ist wiederum der Basispass.

Basispass

Der Basispass ist die Grundlage für Reit- oder Fahrabzeichen. Zudem ist die Prüfung dazu eine tolle Gelegenheit, um zu zeigen, was man alles gelernt hat. Beim Basispass geht es allerdings nicht ums Reiten, sondern darum, das Pferd richtig zu führen, anzubinden, zu satteln und aufzutrensen, aber auch auf die Weide zu bringen oder es in einen Hänger einzuladen. Ein bisschen Theorie über Pferdeverhalten und Gesundheit gehört ebenso dazu. Der Basispass bündelt also eigentlich alles, was man über den richtigen Umgang mit Pferden wissen sollte.

Unterwegs zum Turnier

Zu einem Turnier fährt man meistens mit dem Anhänger. Dafür muss das Pferd verladen werden. Da so ein Pferdeanhänger ziemlich schmal und eng ist, muss das Tier erst einmal daran gewöhnt werden. Das Verladen übt man daher am besten schon, bevor man wirklich irgendwo hinfahren möchte. Und wenn man dann unterwegs ist, muss man mit einem Pferd im Anhänger natürlich ganz besonders vorsichtig fahren. Beim Abladen achtet man darauf, dass der Hänger erst geöffnet wird, nachdem das Pferd nicht mehr im Hänger angebunden ist und jemand bei ihm steht, um es ruhig festzuhalten. Sonst erschrickt es sich und reißt sich vielleicht los, sobald sich die Klappe öffnet.

Traumhafte Flechtfrisuren

Für den großen Turnierauftritt macht man sich natürlich schön – und das Pferd auch! Es gibt eine Menge schöner Flechtfrisuren für Pferde. Der Standard für kurze Mähnen sind geflochtene Zöpfe, die man ein- oder zweimal umklappt und oben mit einem Gummi- oder Glitzerband zusammenfasst – das sieht immer schick aus! Inzwischen gibt es auch ganz unterschiedliche Gummibänder, manchmal sogar mit Schleifchen oder anderen Verzierungen. Für Pferde mit langer Mähne gibt es natürlich auch ganz viele tolle Ideen. Der Klassiker ist ein dicker geflochtener Zopf entlang des Mähnenkammes, in den auch ein hübsches Band mit eingeflochten werden kann. Bei der Variante »Barockzopf« beginnt man vorne einen Zopf zu flechten und lässt diesen dann immer weiter die Mähne entlang nach unten weiterlaufen. Bei Pferden mit dicker Mähne sieht das wunderschön aus! Ihnen steht auch ein Netz besonders gut. Dabei werden einzelne Strähnen immer abwechselnd wieder geteilt und zusammengeführt, bis eine Art Netz entsteht.

Geflochtene Mähne

1

2

3

Flechtfrisuren

Man kann eine Mähne einfach flechten (1) oder, wenn sie lang genug ist, ein Netz daraus machen (2). Ein Bauernzopf sieht auch am Schweif sehr schick aus (3).

Bauernzopf

Geschicklichkeitsparcours

Ponyspiele

Bei Ponyspielen geht es um Geschicklichkeit. Die Übungen können ganz verschieden sein. Das Wichtigste ist aber, dass sie Spaß machen!

➡ **Schon gewusst?**

Das Hängerfahren muss ein Pferd erst einmal lernen. Erst wenn es keine Angst mehr vor dem engen Hänger hat, kann man mit ihm beruhigt von A nach B fahren.

Jütländer

Jütland ist eine Region in Dänemark. Nach ihr ist auch die Kaltblutpferderasse Jütländer benannt, die dort seit dem 12. Jahrhundert gezüchtet wird. Zunächst wurden sie von den Rittern als Reitpferde benötigt, später dann als kräftige Arbeitspferde eingesetzt. Aufgrund ihrer Kraft sind sie vor dem Wagen als Zugpferde unglaublich fleißig. Noch heute ziehen sie deshalb so manche Kutsche – sowohl für Freizeitzwecke als auch für eine große dänische Brauerei. Ursprünglich gab es zu Beginn der Zucht noch viele Rappen und Braune, doch inzwischen gibt es unter den aufgeweckten Pferden hauptsächlich nur noch Füchse.

> Du siehst aus wie ein Haflinger.

> Aber ich bin kein Haflinger!!!

Steckbrief

Jütländer, Jüte

Herkunft: Dänemark

Größe: 155–162 Zentimeter

Farben: oft Füchse

Der Eindruck täuscht

Jütländer sehen mit ihrem hellen Langhaar zwar aus wie schwere Haflinger – sind aber keine! Sie bilden eine ganz eigene Rasse und gehören zu den Kaltblütern. Deshalb sind sie auch viel kräftiger als Haflinger.

Eine Kutsche zu ziehen, fällt dem starken Jütländer leicht. Und dieser hier sieht dabei besonders schick aus. Schimmel kommen aber eher selten vor.

Kabardiner

Kluger Kopf
Kabardiner sind intelligente Pferde mit wachem Gesichtsausdruck und schönen Augen.

Im kaukasischen Hochgebirge leben die jungen Pferde in freier Wildbahn. Das macht sie ganz besonders robust!

◆ Schon gewusst?
Kabardiner binden sich sehr eng an ihren Besitzer und sind diesem treu. Sie sollen für fremde Reiter schwer zu reiten sein.

Kabardiner stammen aus dem Kaukasus, einem über tausend Kilometer langen Gebirgszug, der von Russland über Georgien, die Türkei, Armenien bis Aserbaidschan reicht. Im kaukasischen Hochgebirge, das bis zu 5 642 Meter hoch ist, gibt es sogar Gletscher. Die Kabardiner wachsen in der Regel in ihrer Heimat frei in der Natur auf. Das Gebirgspferd ist absolut robust und anpassungsfähig, es benötigt nur wenig Futter und ist extrem leistungsbereit. Gleichzeitig wirkt es edel und ist nicht allzu schwer; wahrscheinlich haben Englische Vollblüter das Aussehen der bis ins 12. Jahrhundert zurückreichenden Zucht mitgeprägt. Noch heute sind die Kabardiner die Nutztiere der kaukasischen Bevölkerung, aber auch in anderen Ländern schätzt man sie – beispielsweise als ausdauernde Distanzpferde.

Steckbrief

Kabardiner

- -

Herkunft: Kaukasus

Größe: 150–158 Zentimeter

Farben: Braune, Rappen und Schwarzbraune

Wilde Herde
Die frei laufenden Pferde im Kaukasus müssen sich ihr Futter selbst suchen.

Ausdauernd
Kabardiner sind nicht besonders kräftig und schwer – sie erinnern eher an Vollblüter. Dennoch sind sie so leistungsbereit, dass sie auch gut länger vor einer Kutsche laufen können.

Kaimanawa

Gesattelt

Eingefangene Kaimanawa lassen sich gut zu Reitpferden ausbilden.

Kaimanawas gelten als trittsicher und brauchen normalerweise keine Gamaschen.

Steckbrief

Kaimanawa

Herkunft: Neuseeland

Größe: 120–150 Zentimeter

Farben: alle Farben

Die Kaimanawa-Pferde sind nach dem gleichnamigen Gebirge im Norden von Neuseeland benannt. Entstanden ist die Rasse aus den Pferden und Ponys der Einwanderer. Im Laufe der Zeit wurden viele Rassen miteinander gekreuzt: Exmoor Ponys und Welsh Ponys spielten beispielsweise eine größere Rolle, da sie gezielt miteingekreuzt wurden. Entstanden ist ein Pferd mit einer Größe zwischen Pony und Kleinpferd, das in allen möglichen Farben vorkommt. Der Körper ist eher kräftig, der Hals kurz und manche Pferde haben feine Gesichter, denen man ansieht, dass auch Araber unter ihren Vorfahren waren.

Vorfahren

Diesem Braunen sieht man die Ponyvorfahren an: Er hat eine kräftige Kruppe und würde sicher ein gutes und trittsicheres Reitpferd werden.

Zu wenig Platz

Auch wenn sich das Kaimanawa-Pferd frei bewegen kann, ist es kein echtes Wildpferd mehr. Es lebt auf begrenztem Gebiet und jedes Jahr werden große Teile der Herde gefangen und verkauft. Findet sich allerdings kein neuer Besitzer, wird das Tier zum Schlachter gebracht. So versucht man zu verhindern, dass es zu viele Pferde für den beschränkten Lebensraum werden. Wer eines der ehemaligen Wildpferde kauft, erhält ein trittsicheres Pferd, das recht unerschrocken und selbstbewusst ist. Über 600 Pferde konnten von Tierschützern schon verkauft und somit gerettet werden.

← **Blesse**

Zu viele Pferde

Würden sich die wild lebenden Herden weiter vermehren, würden sie irgendwann die Natur zerstören. Auch das Futter, das sie sich selbst suchen müssen, wäre dann nicht mehr ausreichend für alle. Deshalb werden einige von ihnen eingefangen.

Angeberwissen

▶ Zur Kaimanawa-Herde sollen nicht mehr als 300 Pferde gehören, damit allen Tieren genügend Futter zur Verfügung steht.

▶ Deshalb werden ein Mal im Jahr alle Tiere zusammengetrieben und die überzähligen Pferde aus der Herde genommen.

Von allem ein bisschen

Kaimanawa-Pferde sind eine bunte Mischung aus den Pferden, die Einwanderer mit nach Neuseeland gebracht haben. Deshalb gibt es sowohl große als auch kleine Kaimanawas. Sie können ein nur 1,20 Meter großes Pony oder ein etwas größeres Kleinpferd sein.

Pferde können zwar schwimmen, aber die meisten gehen eher ungern ins Wasser. Müssen sie jedoch einmal einen Fluss durchqueren, trauen sie sich auch tiefer hinein.

Karabagh

Karabaghen sind sehr edle Pferde, so wie dieser Fuchs. Sie haben feine Köpfe und einen schlanken Körperbau.

Der Karabagh ist ein edles Pferd, das in viele andere Rassen eingekreuzt wurde, um sie zu veredeln, so wie auch der Araber, der viele Pferderassen schlanker und rittiger gemacht hat. Der Araber hat auch bei der Entstehung der Karabaghen eine Rolle gespielt. Deshalb ist der Karabagh optisch ebenso fein und edel wie er – nur etwas kleiner. Sein Haar ist seidig und sein Fell glänzt goldfarben. Trotz ihrer Schönheit sind die Pferde aber auch sehr widerstandsfähig. Sie haben sich dem schweren Leben in den Bergen perfekt angepasst. In ihrer Heimat Aserbaidschan werden die Pferde auch Qaraba genannt. Leider gibt es nicht mehr viele Karabaghen. Einige von ihnen werden aber noch im Iran zur Zucht genutzt.

➡ Schon gewusst?

Diese Rasse ist akut vom Aussterben bedroht, aber es gibt in Deutschland ein paar Züchter, die sich um den Erhalt der Rasse bemühen.

Freiheit!

Die Heimat der Karabaghen liegt in den Bergen. Sie sind deshalb sehr unempfindlich und robust.

Steckbrief

Karabagh, Karabakh, Karabach

- - - - - - - - - - - - - - - - - - - -

Herkunft: Aserbaidschan

Größe: 140–150 Zentimeter

Farben: oft Füchse und Falben

Kinsky

Seltene Schönheiten

Es gibt nicht mehr viele dieser seltenen Blondinen und Falben.

> Ich habe Goldglanz im Haar.

Steckbrief

Kinsky, Chlumetzer, Böhmischer Hunter

Herkunft: Tschechien

Größe: 160–165 Zentimeter

Farben: Falben und Isabellen

Im Auftrag des Königs begann die Familie des Grafen Kinsky mit der Zucht von ganz besonderen Pferden: helle Falben oder Isabellen mit Goldglanz im Fell. Und diese Pferde waren nicht nur schön, sie konnten auch durchaus etwas leisten. Das Militär nutzte diese Pferde ebenso wie Privatreiter. Der Name Böhmischer Hunter (englisch für »Jäger«) verrät auch, dass sich die Kinskys ausgezeichnet für die Jagd eignen. Sie verfügen über ein hervorragendes Springvermögen. Nichtsdestotrotz sind die Kinskys fast ausgestorben, weil die wenigen Pferde dieser Rasse mit tschechischen Warmblütern gekreuzt wurden. Man geht davon aus, dass es nur noch wenige reinrassige Kinsky-Pferde gibt; die meisten leben nach wie vor in Tschechien.

Schon gewusst?

Der Goldglanz, der feine Schimmer des Fells, entsteht durch eine bestimmte Haarstruktur, die das Licht reflektiert.

Jagdpferde

Wie viele Pferde, die zur Jagd gezüchtet wurden, können auch Kinskys sehr gut springen.

Goldig

Böhmische Hunter sind meist schlank und sportlich – sie wirken fast wie Vollblüter.

Kisberer

Der Kisberer ist ein typischer Halbblüter, also ein Pferd, das aus der Kreuzung zwischen Vollblut und Warmblut hervorgegangen ist. Diese Pferde sind kräftiger als die typischen Vollblüter und dabei leichter und temperamentvoller als Warmblüter. Bei dieser Rasse hat man in Ungarn zunächst Vollblüter mit einheimischen Stuten gekreuzt; später wurden auch Araber, Anglo-Araber, Shagya-Araber, Trakehner und Selle Français miteingekreuzt. Leider wurden nach und nach vermehrt moderne Sportpferde gezüchtet und die Kisberer wurden immer weniger. Heute versucht man in Ungarn, die Rasse zu erhalten und als Kulturgut zu schützen.

Die Halbblüter sind tolle Geländepferde und daher ideal für sportliche Reiter.

Kisberer haben viel Energie und Temperament. Sie erinnern oft an arabische Pferde.

➡ Schon gewusst?

Viele Vollblutpferde wurden in die Rasse eingekreuzt; deshalb haben die Kisberer so edle Köpfe.

Seltenheit

Es gibt nur noch wenige der schönen Kisberer. Fast alle werden in Ungarn geboren.

Steckbrief

Kisberer, Kisbérer, Kisberer Halbblut, Kisberi

- -

Herkunft: Ungarn

Größe: 155–170 Zentimeter

Farben: alle Farben

K wie ... Kladruber

Kladruber-Schimmel waren die Kutschpferde der Könige. Und wahrhaft königlich sehen die barocken Kladruber wirklich aus: Sie sind groß, majestätisch, haben kräftige Körper und imposante Bewegungen. Ein Kladruber fällt auf, da er sich auffällig schick bewegt. Und im Übrigen ist er nicht immer weiß, es gibt auch Rappen. Diese wurden traditionell von den Kirchenoberhäuptern zum Fahren verwendet. Beide Zuchtlinien, sowohl Schimmel als auch Rappen, haben verschiedene Abstammungen. Bei den Rappen wurde zum Beispiel auch ein Friese in der Zucht eingesetzt. Kladruber sind sehr selten. Obwohl sie zu den Kulturgütern Tschechiens gehören, gibt es nicht mehr viele von ihnen, sodass sie inzwischen von den Vereinten Nationen unter besonderen Schutz gestellt wurden.

Kladruber-Schimmel im Schnee! Sie sehen so wunderschön aus, dass man sich sofort vorstellen kann, wie edel diese Pferde vor einer prachtvollen Kutsche aussehen müssen.

Ramskopf

Kladruber haben einen sogenannten Ramskopf. Das heißt, dass ihr Kopf mehr nach außen gewölbt ist.

Steckbrief

Kladruber

Herkunft: Tschechien

Größe: ca. 168 Zentimeter

Farben: Schimmel und Rappen

Wie dieser Kladruber eindrucksvoll zeigt, ist diese Rasse für die Klassische Dressur sehr gut geeignet!

Tradition

Die kräftigen Kladruber wurden schon immer auch als Fahrpferde genutzt.

Knabstrupper

Steckbrief

Knabstrupper

Herkunft: Dänemark

Größe: ca. 160 Zentimeter

Farben: Tigerschecken

Dressurtalent

Auch Knabstrupper, die nicht zur schwereren Zuchtrichtung zählen, können Talent zur Dressurarbeit zeigen.

Punktsicher

Knabstrupper, die als Fohlen eher grau sind und nur ein paar Punkte haben, bleiben meist so.

Pippi Langstrumpf hat ein ganz besonderes Pferd. Es lebt auf der Veranda und ist ein Knabstrupper! Knabstrupper erkennt man an ihren tollen Punkten: ob als Tigerschecken, Schabracktiger, bei denen die Punkte nur hinten auf der Kruppe sitzen, oder als Schneeflocken- oder Volltiger. Es gibt übrigens auch einfarbige Pferde, meist Schimmel oder Braune. Vom Typ her sind Knabstrupper eng verwandt mit den Frederiksborgern. Die barocken Pferde werden nur noch von Liebhabern gezüchtet und von Freunden der Klassischen Reitkunst geritten. Sie haben einen kräftigen Körper, einen hoch aufgesetzten Hals und oft etwas ramsnasige Köpfe. Ihre Bewegungen sind sehr erhaben, eine vermehrte Aktion der Vorderhand ist nicht selten. Vor allem aber lassen sich diese Pferde sehr gut in Versammlung reiten. Die zweite Zuchtrichtung, die etwas sportlicheren Knabstrupper, ist etwas häufiger, aber ebenfalls kein typisches Sportpferd und dementsprechend selten. In Deutschland gibt es jedoch noch engagierte Züchter, die sich um den Erhalt der ursprünglichen Knabstrupper bemühen.

Ganz besonders

Kenner der Rasse sagen, dass es nicht die Flecken auf dem Fell seien, die die Knabsruppper zu etwas ganz Besonderem machen, sondern ihr ungewöhnlicher Charakter. Denn diese Pferde fordern sowohl ihre Besitzer als auch Reiter heraus. Langweilen sie sich, stellen sie gerne einmal irgendeinen Blödsinn an. Gefällt ihnen aber das, was sie lernen sollen, dann sind sie sehr aufmerksam. Knabstrupper sind außergewöhnlich intelligent und wollen unterhalten werden. Ganz schön anspruchsvoll!

Wo ist denn Pippi?

Kein Original

Die Tiere, die mehr den Frederiksborgern ähneln, haben ein Talent zur Dressur von Zirkuslektionen und zum Fahren. Wurden bei einem Knabstrupper viele Vollblut- oder Kaltblut-Pferde eingekreuzt, so ähnelt er dem Ursprungspferd sicher weniger und ist vielleicht auch nicht als klassisches Dressurpferd geeignet. Eher selten sind sogenannte weiß geborene Knabstrupper. Im Gegensatz zu Schimmeln werden sie bereits weiß geboren. Sie vererben die Tigerscheckung trotzdem weiter. Außerdem gibt es Pferde, bei denen die Scheckung zwar vorhanden, aber nicht sichtbar ist. Das nennt man rezessive Vererbung.

Knabstrupper waren die Vorlage für Pippi Langstrumpfs Pferd Kleiner Onkel. Das Filmpferd ist aber gar kein echter Knabstrupper: Die Flecken wurden für den Film extra aufgemalt!

Die Tigerscheckung kann auch in Brauntönen vorkommen.

Ich bin ein junger Knabstrupper!

Einmalig

Die Punkte der Knabstrupper sind bei jedem Pferd anders. Damit ist jedes von ihnen einmalig und absolut unverwechselbar.

Tigerschecke

Unglaublich!

Nicht alles, was Flecken hat und Knabstrupper genannt wird, ist auch einer. Manch ein buntes Pferd wird als Knabstrupper angeboten und ist gar keiner. Ein Knabstrupper kann aber übrigens auch einfach braun sein!

Konik

Charaktertyp

*Koniks sind sehr freiheits-
liebend. Es ist nicht immer
einfach, sie zu reiten.*

Pferdchen nennen die Polen die kleinen Ponys, die noch sehr den osteuropäischen Wildpferden ähnlich sehen. »Konik« ist das polnische Wort für »Pferdchen«. Die Ponys leben seit Jahrhunderten in freier Wildbahn in Polen. Dabei sind die Falben, die die typischen Wildpferdezeichen haben wie Aalstrich und Zebrierung an den Beinen, eigentlich sehr robust. Dennoch wären sie beinahe durch die Jagd auf sie ausgerottet worden. Inzwischen leben die Pferde in eigens ausgewiesenen Naturschutzgebieten in Polen, wo sie ungestört sind. Koniks sind auch in ihrem Verhalten noch sehr ursprünglich, sie lassen sich ungern zähmen und werden selten geritten. Für die Arbeit vor dem Wagen eignen sie sich aber gut, da sie fleißig und ausdauernd sind.

Fast ganz frei

*Zäune kommen im Leben der
meisten Koniks gar nicht vor:
Sie leben in freier Wildbahn
oder in Naturschutzgebieten.*

Steckbrief

Konik

- - - - - - - - - - - - - - - - -

Herkunft: Polen

Größe: ca. 132 Zentimeter

Farben: Falben

*Auch in den Niederlanden gibt es eine
Gruppe Koniks, die dort fast frei lebt.*

➡ Schon gewusst?

*Gerittene Koniks sind sehr
ausdauernd. Turniersport
liegt ihnen nicht, aber als
Freizeit- oder Wanderreit-
pferde sind sie gut geeignet.*

L wie ... Lettisches Warmblut

Das Lettische Warmblut gehört zu den schwereren Warmblütern, die noch eher dem typischen Arbeitspferd ähneln. Es ist groß, massig und hat viel Kraft. Früher wurden die Lettischen Warmblüter deshalb auch als Zugpferde für schwere Arbeiten genutzt. Inzwischen sind sie durch die Einkreuzung von Arabern und Vollblütern aber etwas leichter geworden. Heute existieren daher zwei Zuchtrichtungen: die schwere und die etwas leichtere, die sich den anderen Warmblutrassen annähert. Während die schweren weiterhin als Zug- und Arbeitspferde eingesetzt werden, eignen sich die leichteren Pferde für das Reiten aber durchaus ebenso gut wie für das Fahren. Die Letten, wie man sie auch nennt, sind gutmütig und gelten als sehr umgänglich. Außerhalb Lettlands ist die Rasse allerdings nicht sehr verbreitet.

Schwerer Typ
Letten haben manchmal etwas größere Köpfe als moderne Sportpferde und sind schwerer und breiter als sie.

Steckbrief

Lettisches Warmblut

Herkunft: Lettland

Größe: ca. 160 Zentimeter

Farben: alle Farben

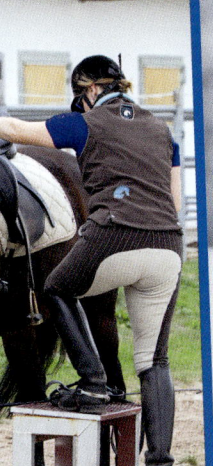

Aufsteigen
Nicht nur beim Lettischen Warmblut: Das Aufsteigen über eine Aufstieghilfe schont den Rücken des Pferdes und ist auch für den Reiter einfacher.

➡ Schon gewusst?
Wenn auch nicht ganz so sportlich: Letten erbringen doch beachtliche Leistungen in Dressur und Springen.

Ab nach draußen!
Jedes Pferd braucht ausreichend Bewegung. Am wohlsten fühlt es sich draußen auf der Weide, wo es ausgiebig galoppieren kann.

L wie ... Lewitzer

Farbe vererbt

Die meisten Lewitzer sind bunt, da sich die Scheckung vererbt. Es gibt aber auch einfarbige Tiere.

Große Zucht

Der ehemalige Spring-reiter Paul Schockemöhle hat die Lewitzer Schecken nach der deutschen Wieder-vereinigung für sich entdeckt und in Mecklenburg-Vorpommern eine große Zucht aufgebaut.

Lewitzer sind eine deutsche Ponyrasse, die erst nach dem Zweiten Weltkrieg entstanden und 1991 schließlich offiziell anerkannt worden ist. Die Deutsche Reiterliche Vereinigung (FN) wollte die Ponys zuerst zu den Deutschen Reitponys hinzufügen. Lewitzer Schecken wurden bewusst als umgängliche Kinderponys gezüchtet, eignen sich aber auch als Fahr-pferde. Die attraktive Zeichnung wird Plattenschecken genannt. Es gibt sie in Braun, Schwarz und Fuchsfarben. Obwohl in die robusten Kleinpferde Vollblüter und Araber eingekreuzt wurden, haben sie sich ihre Umgänglich-keit und Gelassenheit in der Regel bewahrt. Zudem gelten die Ponys als unkompliziert in der Haltung. Eine große Zucht gibt es auf dem Gestüt Lewitz in Mecklenburg – kleinere findet man aber auch in Westdeutschland.

Steckbrief

Lewitzer, Lewitzer Schecken

- -

Herkunft: Deutschland

Größe: 130–148 Zentimeter

Farben: Schecken

Aus dem Osten

Die schicken Schecken kommen aus Ostdeutschland, wo sie früher als Kinderponys gezüchtet wurden.

Lipizzaner

Im slowenischen Lipica kann man ganze Herden mit Stuten und Jungpferden bewundern.

> In meiner Herde fühle ich mich wohl!

Steckbrief

Lipizzaner

- -

Herkunft: Slowenien

Größe: 148–159 Zentimeter

Farben: oft Schimmel

Die Schimmel mit dem Talent für die Hohe Schule der Dressur, das sind die Lipizzaner. Man kann sie sowohl in der Spanischen Hofreitschule in Wien als auch bei ihren Auftritten bestaunen, bei denen sie die Klassische Dressur vorführen. Nicht nur unter dem Sattel, auch an der Hand oder sogar ohne Reiter sind Lipizzaner etwas ganz Besonderes: Diese Pferde gehören zu einer alten Rasse, die immer wieder von Kriegen und anderen Katastrophen bedroht wurde. Doch inzwischen gibt es außer der Zucht in ihrer Heimat Lipica in Slowenien noch eine Zucht in Österreich sowie weitere kleinere Züchter zum Beispiel in Deutschland und den Niederlanden. In diesen beiden Ländern werden die Lipizzaner jedoch mehr gefahren als geritten. Sie haben nämlich zudem viel Talent für den Fahrsport.

Im Gleichschritt

Dieser Vierspänner stammt aus Österreich, aber auch in Deutschland gibt es Kutschfahrer, die gern Lipizzaner anspannen. Je ähnlicher sich die Pferde sehen, umso schöner!

Die jungen Lipizzaner sind oft noch grau und wachsen sowohl in Österreich als auch in Slowenien auf großflächigen Weiden auf.

Jubiläum

Die Reiter der Spanischen Hofreitschule in Wien präsentieren stolz ihre Hengste. 2015 feierte die Schule ihr 450-jähriges Bestehen!

Lusitano

Rind

Auch die Arbeit mit dem Rind gehört zur Working Equitation.

Lusitanos haben ein feuriges Temperament und sind ungemein intelligente Pferde. Sie werden in Portugal für den Stierkampf eingesetzt und dafür muss das Pferd sehr schnell und wendig sein. Zudem muss es außerordentlich gut ausgebildet werden können. Das Reiten nach den Grundsätzen der Klassischen Dressur liegt ihnen dabei im Blut. Sie sind eher kurz im Rücken, der Hals ist ideal geschwungen, die Hinterhand rund und für die Versammlung bestens geeignet. In der Versammlung trägt die Hinterhand des Pferdes vermehrt das Gewicht, es wirkt dadurch stolzer und würdevoller. Seine Bewegungen können so frei und tänzerisch werden. Aus dieser Versammlung entstehen Übungen wie Piaffe und Passage. Die Lusitanos gewinnen durch dieses Talent immer mehr Freunde in Deutschland.

Klassische Dressur

In den Dressurprüfungen wie man sie auf den üblichen Reitturnieren sieht, sind Lusitanos selten erfolgreich. Ihr Körperbau ist anders als der der Warmblutpferde. Ihr Rücken ist kürzer und ihre Bewegungen sind erhabener. Sie eignen sich aber sehr gut für die Disziplin Working Equitation, die aus den Arbeitsreitweisen der Rinderhirten Europas entstanden ist.

➤ Schon gewusst?

Auch wenn die Lusitanos nie offiziell als älteste Pferderasse Europas anerkannt wurden, werden sie als solche gesehen. Traditionell wachsen die Jungpferde auf den Weiden Portugals auf.

Beliebte Reitpferde

Gezüchtet werden Lusitanos nach wie vor überwiegend in Portugal. Und auch dort sind sie eine
noch eher junge Rasse, die erst seit 1942 als eigenständige Rasse eingetragen ist. Zuvor gehörten
sie zu ihren nahen Verwandten, den Andalusiern.
Die portugiesischen Züchter blicken auf eine lange
Tradition zurück. Für sie soll ein Lusitano ein feuriges
Pferd sein, das aber dennoch gelehrig und kooperativ
ist. Es sollte angenehm zu reiten sein, bequeme Gänge
haben und freudig vorwärtsgehen. Inzwischen wird
die Rasse auch in Deutschland gezüchtet.
Die Zucht in Portugal hat dagegen leider abgenommen.
Dort werden oft lieber deutsche Warmblutpferde
gekauft, die auf den großen Turnieren erfolgreicher
sein sollen.

Damensattel

*Es gibt auch Reiter, die sich
mit dem traditionellen Damensattel
versuchen. Die Reiterin hat dabei
beide Beine auf der linken Seite –
das ist gar nicht so einfach!*

> Wir laufen am
> liebsten völlig
> frei umher!

Steckbrief

Lusitano

- - - - - - - - - - - - - -

Herkunft: Portugal

Größe: 150–160 Zentimeter

Farben: alle Farben

Mangalarga Marchador

Diesem Schimmel sieht man die Verwandtschaft mit spanischen und portugiesischen Pferden an.

➡ Schon gewusst?

Mangalarga Marchadors sind mit den iberischen Pferden verwandt und haben wie diese deshalb oft einen leichten Ramskopf, also einen Kopf mit leichter Vorwölbung.

Steckbrief

Mangalarga Marchador, Marchadores

Herkunft: Brasilien

Größe: 148–156 Zentimeter

Farben: alle Farben

Vielfältig

Mangalarga Marchadors gibt es in vielen Farben! Da ist für jeden Geschmack ein Traumpferd dabei.

Mangalarga Marchadors sind Gangpferde. Sie gehen überwiegend in ihrer speziellen Gangart Marcha. Das ist ein Viertakt, ähnlich wie ein schneller Schritt. Der reine Viertakt, also der Tölt, wenn jeder Huf einzeln gesetzt wird, heißt »marcha picada«. Der »marcha batida« dagegen ähnelt mehr dem Trab. Reinen Trab gehen die Mangalarga Marchadors meistens nicht. Schritt und Galopp können jedoch beinahe alle. Das Zuchtziel der Mangalarga Marchadors war und ist immer ein bequemes Pferd, mit dem sich auf angenehme Art und Weise auch eine längere Strecke zurücklegen lässt. Das war für die Arbeit auf den großen Farmen Brasiliens unverzichtbar. Doch auch ihr angenehmes Temperament ist immer wichtig gewesen und macht die Mangalarga Marchadors zu beliebten Freizeitpferden.

Einwanderer

Einige der südamerikanischen Pferde werden auch in Deutschland gezüchtet.

Maremmano

Einheitlich

Unter den Maremmanos sieht man viele Dunkelbraune und Rappen. In ihrer Heimat, der Toskana, leben die Pferde halbwild.

Hirte

Steckbrief

Maremmano

- -

Herkunft: Italien

Größe: 148–158 Zentimeter

Farben: oft Rappen und Dunkelbraune

D ie Hirten der Toskana, die »butteri«, reiten den Maremmano hauptsächlich. Schon vor über 2 000 Jahren haben in der südlichen Toskana diese Pferde halbwild gelebt. Robust und widerstandsfähig, kräftig und gesund, das sind die Maremmanos. Bis heute sind diese Pferde sehr unempfindlich, auch wenn sie in den letzten Jahrzehnten vermehrt mit Vollblütern gekreuzt wurden. Der ursprünglich etwas unscheinbare Maremmano wurde dadurch größer und bekam weitere Bewegungen. Damit entspricht er jetzt mehr den modernen Ansprüchen an ein Sportpferd. Diese etwas größeren Pferde werden auch oft von italienischen Polizisten, den Carabinieri, geritten.

Maremmanos sind die Pferde der italienischen Hirten. Sie reiten auf ihnen, während sie ihre Herden hüten – ganz wie die amerikanischen Cowboys!

In die Rasse wurden Berber und Norfolk Trotter eingekreuzt, um Qualität und Bewegungen der Pferde zu verbessern.

M wie ... **Marwari**

Marwari-Pferde haben ein einzigartiges Erkennungsmerkmal: Ihre Ohren sind mondsichelförmig nach innen gebogen; manchmal berühren sich die Ohrenspitzen sogar. Ursprünglich kommen die Marwaris aus dem Gebiet Rajasthan, wo sie immer noch heimisch sind. Sie wurden als Kriegspferde gezüchtet. Ihr Mut und ihre Intelligenz sind legendär. Leider wurden sie zur Zeit der Besetzung Indiens durch das Britische Königreich beinahe ausgerottet, da man vermehrt Vollblüter und andere Pferde importierte. Und auch nach Beendigung der Besatzung schätzte man die Pferde des ehemaligen Adels nicht sehr. Dennoch haben einige von ihnen die Marwaris gerettet und die Zucht wiederaufgebaut. Die Pferde werden jetzt für den Tourismus genutzt oder starten sogar auf Distanzritten.

Mondsichelförmig

Einfach einzigartig

(1) *Marwaris stürzen sich auch schon einmal mutig ins Wasser.*
(2) *Die Sichelform der Ohren ist das einzigartige Erkennungsmerkmal dieser Pferde.*

Alte Traditionen
Der traditionelle Schmuck für die Marwari-Pferde ist sehr bunt und farbenfroh.

Geschmückt

Steckbrief

Marwari

- - - - - - - - - - - - - - - - - -

Herkunft: Indien
Größe: ca. 155 Zentimeter
Farben: alle Farben

Marwaris werden gepflegt und herausgeputzt – gefallen tut ihnen das allerdings nicht immer!

Mecklenburger

Der Mecklenburger ist dem Hannoveraner Warmblut recht ähnlich. Allerdings ist er ein wenig kompakter, etwas kleiner und robuster – vielleicht manchmal auch etwas weniger sportlich. Er stammt aus Mecklenburg, einem Gebiet im Osten Deutschlands, und wurde dort während der Zeit des geteilten Deutschlands als »Edles Warmblut der DDR« gezüchtet. Seit der Wiedervereinigung wurden vermehrt Hannoveraner oder Holsteiner eingekreuzt. So wurden sich die deutschen Warmblutpferde immer ähnlicher. Das Zentrum der Zucht bildet bis heute das Landgestüt Redefin, das 1812 gegründet wurde. Der Mecklenburger ist eher unkompliziert und daher bei Freizeitreitern sehr beliebt.

Auf zur Jagd!
Bei einer Jagd folgen die Reiter der Hundemeute, die eine zuvor gelegte Fährte verfolgt.

Sportlich
Mecklenburger können sich durchaus mit anderen Sportpferden messen.

Steckbrief

Mecklenburger, Mecklenburger Warmblut

Herkunft: Deutschland

Größe: 162–170 Zentimeter

Farben: alle Farben

Die meisten Mecklenburger werden tatsächlich in Mecklenburg-Vorpommern gezüchtet.

Menorquiner

Der Menorquiner ist mit dem Andalusier eng verwandt und galt lange Zeit nicht als eigenständige Rasse. Inzwischen ist er als solche anerkannt und heißt mit vollständigem Namen Caballo de Pura Raza Menorquina, kurz PRM, was so viel heißt wie »reinrassiges menorquinisches Pferd«. Der Name verrät schon, dass diese Pferde von der Insel Menorca stammen. Dort wurden sie vielfach für die Dressur und zum Präsentieren gezüchtet, sodass die gelaufene Levade, das Gehen auf den Hinterbeinen, zu ihrem Erkennungsmerkmal geworden ist. Die Dressur ist die Paradedisziplin des Menorquiners, aber es gibt auch Pferde mit Springtalent und gefahren werden sie ebenfalls.

Ich kann auf zwei Beinen laufen!

Schon gewusst?

Das tanzende beziehungsweise steigende Pferd, das dabei weiterläuft, ist die Attraktion für Touristen und Einheimische auf allen großen Festen Menorcas.

Das Steigen der Pferde ist sehr anstrengend, gehört aber zu ihrem Imponiergehabe.

Prunkvoll

Die Spanier lieben es, sich und ihre Pferde herauszuputzen und zu präsentieren.

Imposant

Für die Touristen gibt es spektakuläre Bilder von Menorquinern, die steigen. Doch natürlich können sie auch richtig geritten werden.

Steckbrief

Menorquiner

- - - - - - - - - - - - - - - - - - - -

Herkunft: Spanien

Größe: 155–162 Zentimeter

Farben: Rappen

Mérens Pony

Die nervenstarken Ponys eignen sich auch gut zum Fahren.

Das Mérens stammt aus den Pyrenäen, dem großen Gebirge, das zum Teil zu Frankreich und zum Teil zu Spanien gehört. Dort liegt auch der Staat Andorra, an dessen Grenze das Heimatgebiet der Mérens grenzt. Die Ponys werden in Frankreich oft Cheval Ariègoise oder Le Cheval d'Ariège genannt. Im Deutschen bedeuten die Namen »Pferd des Flusses Ariège«, der dieser Region auch ihren Namen gab. Ein weiterer Name für sie lautet Poney Ariègoise de Mérens oder heute kürzer Mérens. Dieser geht zurück auf das Bergdorf Mérens, aus dessen Nähe die Pferde ursprünglich stammen. Die robusten Ponys wurden früher als Zug- und Arbeitspferde eingesetzt. Die trittsicheren Mérens Ponys klettern wie die Gämsen durch die Berge. Kein Wunder, wachsen sie doch in Höhen um die 2 000 Meter auf.

Angeberwissen

▶ Mérens sind fast immer ganz schwarz. Mehr als ein kleines Abzeichen, wie zum Beispiel ein Stern am Kopf, ist nämlich nicht erlaubt.

Steckbrief

Mérens Pony

Herkunft: Frankreich

Größe: 140–149 Zentimeter

Farben: Rappen

Bergige Heimat
Die Heimat der kleinen, schwarzen Ponys sind die Pyrenäen, ein großer Gebirgszug zwischen Frankreich und Spanien, wo das Klima sehr rau ist!

Unterwegs
Mérens sind tolle Freizeitpferde. Wegen ihrer Trittsicherheit sind sie ideal für Wanderritte.

Mini-Shetlandpony

Ich werde höchstens 87 Zentimeter groß!

Es gibt Mini-Shetlandponys bereits seit dem 16. Jahrhundert. Ursprünglich wurden sie zur Unterhaltung der Kinder des Adels gehalten. Gezüchtet wurden die hübschen und niedlichen Ponys, die oft wie kleine Plüschtiere aussehen, mithilfe von Shetland-, Dartmoor, Gotland und Welsh Ponys. Damit sind sie sehr eng verwandt mit dem Amerikanischen Miniaturpferd und gehören somit zu den kleinsten Pferden der Welt. Die Minis sind nicht so zierlich wie Falabellas und recht robust. Mini-Shettys sind intelligent und werden oft zu mehreren vor den Wagen gespannt. Zum Reiten sind sie in der Regel zu klein – ausgenommen für kleine Kinder.

Auch wenn sie klein sind: Mini-Shettys sind kein Spielzeug, sondern richtige kleine Pferde mit Temperament und Kraft!

Hoch hinaus

Viele Mini-Shettys können gut springen. So manches Kind hat seine ersten Reitversuche auf ihnen gemacht.

Zuckersüß!

Noch süßer als ein Mini-Shettyfohlen geht es kaum! Doch auch die kleinsten Pferdchen brauchen eine große Weide und Gesellschaft von anderen Ponys.

Steckbrief

Mini-Shetlandpony, Mini-Shetty

Herkunft: England

Größe: bis 87 Zentimeter

Farben: alle Farben

So viele Farben

Es gibt Mini-Shettys in allen Farben. Unter ihnen kommen auch häufig Schecken vor.

Treue Begleiter

Wenn das Pony zu klein zum Reiten ist, kann man trotzdem viel Spaß damit haben. Ein eingefahrenes Pony kann zum Beispiel im Winter einen Schlitten ziehen!

Winterhart

Zähe Burschen

Mini-Shettys sind klein, aber robust! Sie können auch im Winter ohne Probleme ins Freie. Dank ihres kuscheligen Winterfells machen ihnen Eis und Schnee nichts aus.

Nichts für den Vorgarten

Mini-Shettys sind so süß; da denkt manch einer schnell, dass man so ein kleines Pferdchen auch mit nach Hause nehmen kann. Im Garten ist vielleicht Platz genug? Aber die Kleinen haben die gleichen Ansprüche wie große Pferde: Sie brauchen einen Unterstand gegen Regen und Nässe, festen Boden unter den Füßen und unbedingt auch einen sicheren Zaun. Sonst schlüpfen die Mini-Shetlandponys womöglich hindurch und landen auf der Straße. Das kann schnell gefährlich werden für Mensch und Tier! Hinzu kommt, dass in den meisten Gärten Pflanzen wachsen, die für Pferde giftig sind. Zudem darf ein Pferd niemals alleine gehalten werden. Hunde, Ziegen oder Schafe sind keine Artgenossen und deshalb als Gesellschaft für Pferde und Ponys völlig ungeeignet!

Puh, gar nicht so leicht. Volle Kraft voraus!

Unglaublich!

Klein, aber oho! Mini-Shettys können das Anderthalbfache ihres eigenen Gewichts ziehen. Die kleinen Ponys wiegen aber manchmal selbst nur 50 Kilogramm.

Missouri Foxtrotter

Steckbrief

Missouri Foxtrotter

Herkunft: USA
Größe: 148–158 Zentimeter
Farben: alle Farben

Der Missouri Foxtrotter gehört zu einer der ältesten Pferderassen der USA. Er wurde gezüchtet, um möglichst bequem weite Strecken zurückzulegen. Dafür sind seine besonderen Gänge ideal geeignet. Der schnelle Schritt, der sogenannte Flatfoot Walk, ist ein Viertakt, bei dem der Rhythmus der Vorder- und Hinterhufe ungleichmäßig, also gebrochen ist. Der gebrochene Trab wird Foxtrot genannt und ist ein Vierschlag, bei dem das Pferd mit den Vorderbeinen im Schritt- und mit den Hinterbeinen im Trabrhythmus geht. Die Hinterbeine sollten eine gleitende Bewegung machen. Der Galopp ist wie bei anderen Pferden auch ein Dreitakt und wird Canter genannt.

Missouri Foxtrotter sind in Deutschland recht selten, in den USA gibt es aber einige von ihnen.

Gangpferd

Aufgrund ihrer großen Ausdauer sind die Pferde besonders für lange Strecken geeignet.

Kutsche

Unglaublich!

Die Angehörigen der christlichen Glaubensgemeinschaft der Amischen leben in den USA und besitzen keine Autos. Sie nutzen hauptsächlich Missouri Foxtrotter, die sie reiten und vor die Kutsche spannen.

Mongolisches Pony

Das Mongolische Pony stammt vom Mongolischen Wildpferd ab, dem Przewalski-Pferd, und ist noch sehr ursprünglich. Es hat oft einen Aalstrich, also einen dunklen Strich auf dem Rücken. Ihre Köpfe sind relativ grob, die Hälse und der Rücken etwas kurz, die Schulter steil. Nach den Kriterien der modernen Sportpferde ist das Mongolen Pony nicht besonders hübsch, doch es hat viele gute Eigenschaften: Die Ponys sind ungemein kräftig und ausdauernd. Sie tragen ohne Weiteres einen erwachsenen Mann. Der legendäre Dschingis Khan eroberte auf dem Rücken der Mongolen Ponys weite Teile Zentralasiens und Nordchinas. Noch heute sind die Ponys in der Mongolei weitverbreitet und werden von der Landbevölkerung als Fortbewegungsmittel genutzt.

➜ Schon gewusst?

In der Mongolei lernen schon die kleinsten Kinder reiten. Sie sitzen auf den Mongolischen Ponys, bevor sie überhaupt richtig laufen können.

Klein, aber oho!

Auch wenn sie nicht groß sind, sind Mongolen Ponys ungemein ausdauernd und kräftig. Sie brauchen nicht viel Futter, um lange Wege zurückzulegen.

»Familienauto«

Die Mongolen Ponys sind das Fortbewegungsmittel Nummer eins auf dem Land. Mit ihrer Hilfe kommen die Bewohner am schnellsten überall hin.

Steckbrief

Mongolisches Pony, Mongolen Pony, Mongole

Herkunft: Mongolei

Größe: 130–145 Zentimeter

Farben: alle Farben

Morgan

Der Musiker Thomas Justin Morgan hatte einen Hengst namens Figure, der wahrscheinlich von Godolphin Barb, einem Berber- oder Araber-Hengst aus dem 18. Jahrhundert, abstammte. Dieser soll ebenso einer der Stammväter des Englischen Vollbluts sein. Der Hengst des Farmers Morgan war zwar nur um die 140 Zentimeter groß, aber so erfolgreich und leistungsbereit, dass mit ihm weitergezüchtet wurde. Daraus entstanden die Morgans, die sehr schön sind und gerne auf Veranstaltungen präsentiert werden. Das liegt sicher auch daran, dass ihr Hals eher hoch aufgesetzt ist, was ihnen ein stolzes Aussehen verleiht. Doch auch ihr freundliches, umgängliches Wesen trägt zu ihrer Beliebtheit bei.

Die Schönheit ist hier angeboren! Die Morgans sind berühmt für ihr gutes Aussehen.

Edler Fuchs
Viele dieser Pferde sind Füchse und haben feine Gesichter.

➡ Schon gewusst?

Morgans sind nicht nur schön, sondern auch schnell: Im 19. Jahrhundert wurden sie bei Trab- und Galopprennen eingesetzt.

Westernpferd ••••
Morgan Horses eignen sich gut für das Westernreiten. Sie sind sehr ausdauernd.

◀ **Auslauf**

Steckbrief

Morgan, Morgan Horse

- - - - - - - - - - - - - - - -

Herkunft: USA

Größe: 145–153 Zentimeter

Farben: oft Füchse und Braune

Morgans sollen mutig und zuverlässig sein – also ideale Reitpferde!

Murgese

Aus der Provinz Bari, ganz unten im Stiefelabsatz von Italien, stammen die meist schwarzen, mittelgroßen Pferde. Sie wurden nach der Bergregion Murgia benannt und wachsen dort immer noch frei in den Bergen auf. Die Murgesen sind mit den barocken Neapolitanern verwandt und wurden seit dem 13. Jahrhundert als Kriegspferde gezüchtet. Die Zucht begann unter dem Stauferkaiser Friedrich II., der von 1212 bis 1250 über das Heilige Römische Reich herrschte. Das barocke Erbe sieht man ihnen noch heute an: Der Kopf ist oft leicht geramst, der Hals hoch aufgesetzt. Die Murgesen sind eine stolze Erscheinung. Sie sind gut für die Klassische Dressur geeignet, aber auch robust genug für fast alle anderen Einsatzbereiche.

Dunkler Kopf

→ Schon gewusst?

Ein kleiner Teil der Murgesen ist nicht schwarz: Etwa drei Prozent der Murgesen sind Schimmel mit dunklem Kopf, sogenannte Mohrenkopfschimmel.

Die Murgesen haben viel Kraft in der Hinterhand und können sich gut versammeln, wie die Dressurreiter sagen.

Steckbrief

Murgese

- - - - - - - - - - - - - - - - - - - -

Herkunft: Italien

Größe: 150–168 Zentimeter

Farben: oft Rappen

Dressurpferd

Murgesen eignen sich gut zum Dressurreiten und ganz besonders liegt ihnen die Klassische Dressur der Barockreiter.

M wie ... Mustang

Wild und frei – das sind Mustangs gar nicht mehr so oft, denn viele von ihnen werden eingefangen.

Machtkampf

Manchmal gibt es auch Streit unter den jungen Hengsten. Aber das sieht meist schlimmer aus, als es ist.

Familienleben

Wenn Pferde frei leben, bilden sich Herden. Die Fohlen und Jungtiere bleiben zunächst immer bei der Gruppe.

Bei Mustangs denkt man sofort an die Wildpferde Nordamerikas. Doch eigentlich sind diese Pferde gar keine echten Wildpferde. Die Mustangs sind verwilderte Hauspferde. Sie wurden von den Eroberern Amerikas mitgebracht, verwilderten und vermehrten sich. Ihr Name stammt vom spanischen »mestenos«, das »Herrenlose« bedeutet. Mustangs sehen ganz unterschiedlich aus; es gibt sie in verschiedenen Größen und Farben. Viele von ihnen sind Schecken oder Falben und erinnern an ihre Vorfahren, die spanischen Pferde oder Berber. Ihre Körper sind mittelgroß und kräftig, die Köpfe leicht ramsnasig. Inzwischen gibt es kaum noch frei lebende Mustangs, da die meisten gefangen und in Reservaten untergebracht wurden.

Steckbrief

Mustang

- -

Herkunft: USA

Größe: 138–150 Zentimeter

Farben: alle Farben

Angeberwissen

▶ Mustangs werden zwar eingefangen und man versucht, sie zu zähmen, doch meistens lassen sie sich nur sehr schwer einreiten.

▶ Leider kann aber nicht für alle eingefangenen Mustangs ein schönes, neues Zuhause gefunden werden.

In den Reservaten haben die Pferde noch ihre Freiheit. Hier ist viel Platz zum Herumtoben!

Namibisches Wildpferd

Das Namibische Wildpferd ist eigentlich kein echtes Wildpferd. Die Pferde, die am Rande der Namib-Wüste in Namibia im Süden Afrikas leben, sind verwilderte Hauspferde. Um ihre Herkunft ranken sich viele Legenden: Die einen vermuten, sie seien Nachfahren der Pferde der deutschen Truppen zur Zeit der damaligen Kolonie Deutsch-Südwestafrika. Andere meinen, sie könnten Anfang des 20. Jahrhunderts der Zucht des deutschen Offiziers Hansheinrich von Wolf entlaufen sein. Inzwischen glaubt man jedoch, die Pferde seien den südafrikanischen Truppen durchgegangen, die während des Ersten Weltkrieges gegen die Deutschen kämpften. Was immer davon wahr sein mag, die Tiere haben es geschafft, sich den extremen Bedingungen am Rande der Wüste anzupassen.

Wasserspaß
Eigentlich ist die Quelle zum Trinken da ... Aber im Wasser zu planschen, macht so viel Spaß!

Sehr trocken
Unglaublich, dass die Pferde in der Trockenheit der Wüste Nahrung finden! Alles ist verdorrt und trotzdem überleben sie dort.

Steckbrief

Namibisches Wildpferd, Namib-Pferd

- -

Herkunft: Namibia

Größe: 145–160 Zentimeter

Farben: Braune und Füchse

Unglaublich!

Aufgrund der starken Trockenheit müssen Namib-Pferde lange ohne Wasser auskommen. Um trotzdem genug Flüssigkeit zu sich zu nehmen, kommen die Pferde regelmäßig nach Garub, wo sich das einzige Wasserloch der Gegend befindet. Garub war früher eine Bahnstation, an der die Dampfloks Kühlwasser auftankten.

Diese jungen Namib-Pferde spielen ein bisschen. Platz genug dafür haben sie auf jeden Fall!

New Forest Pony

Steckbrief

New Forest Pony

Herkunft: England

Größe: 125–148 Zentimeter

Farben: alle Farben

Fast frei

Im Nationalpark wachsen die Fohlen beinahe völlig ohne Menschen auf. Auch die Stuten sind bei der Geburt ganz auf sich allein gestellt.

Angeberwissen

▶ Ein Mal im Jahr werden die Ponys im New-Forest-Nationalpark zusammengetrieben, um sie zu impfen.

▶ Gleichzeitig werden auch neue Fohlen gekennzeichnet und einige Hengste aus der Herde herausgenommen.

E ngland ist das Land der Ponys. Viele Ponyrassen stammen von den Britischen Inseln, so auch das New Forest Pony. Die Heimat des typischen Berg- und Moorponys ist New Forest, ein ehemaliges Jagdgebiet, wo es mit Rindern zusammenlebt. Im 150 Quadratkilometer großen New-Forest-Nationalpark wurden schon früher immer wieder verschiedene Hengste freigelassen, die die Zucht beeinflussten – darunter Araber und Hackneys. Deshalb sehen die New Forest Ponys auch recht unterschiedlich aus. Noch heute bewegen sie sich relativ frei in der Region von New Forest. Sie teilen sich die weite Hügellandschaft mit den Bewohnern der Ortschaften und Farmen dort.

Gezähmte New Forest Ponys sind freundlich und umgänglich. Sie eignen sich zum Reiten ebenso wie zum Fahren – besonders für Kinder!

Die Ponys überwintern problemlos ohne die Hilfe von Menschen. Sie brauchen keinen Stall, sondern schlafen draußen.

Niederländisches Warmblut

Die Abkürzung KWPN steht für Koninklijk Warmbloed Paard Nederland. Das ist holländisch und bedeutet so viel wie »Königliches Warmblutpferd der Niederlande«.

Steckbrief

Niederländisches Warmblut, KWPN

Herkunft: Niederlande

Größe: 165–175 Zentimeter

Farben: alle Farben

Das Tuigpaard wird meistens auf Shows und vor der Kutsche eingesetzt. Sein Trab ist sehr auffällig.

Das Niederländische Warmblut, kurz KWPN genannt, ist ein typisches sportliches Warmblutpferd, wie es seit Mitte des letzten Jahrhunderts auch in Deutschland gezüchtet wird. Es ist eine Kreuzung aus Gelderländern und Groningern und, je nachdem aus welcher Zuchtrichtung es stammt, mal etwas kräftiger und mal etwas feiner. Vollblutpferde wurden ebenfalls eingekreuzt. Viele Niederländische Warmblüter haben auffällige Trabbewegungen. Diese hat man auch bei dem wohl teuersten KWPN, dem Hengst Totilas, gesehen, dem bei den großen Turnierprüfungen viele Menschen zugejubelt haben. Oft schaden so spektakuläre Vorstellungen jedoch der Gesundheit des Pferdes, sodass der beliebte Totilas inzwischen leider schwer erkrankt ist und nicht mehr an Turnieren teilnehmen darf.

Weltberühmt
Totilas ist eines der teuersten Dressurpferde. Doch der Sport hat ihm nicht gutgetan und inzwischen kann er leider nicht mehr auf Turnieren starten.

Angeberwissen

▸ Eine Zuchtlinie des KWPN ist das Tuigpaard, das Zugpferd unter den Niederländischen Warmblutpferden.

▸ Das Tuigpaard ist bis zu 165 Zentimeter groß, ähnelt dem Gelderländer und hat einen auffälligen Trab.

▸ Es ist ein sehr edles Fahrpferd, das häufig auch als Showpferd vor der Kutsche eingesetzt wird.

Hoch hinaus
Viele KWPN-Pferde sind tolle Springpferde, wie das Pferd Zhan A, das von Derek McCoppin auf einem britischen Springderby geritten wurde.

Nonius

Der Urvater der Nonius-Pferde ist ein Hengst namens Nonius Senior, der aus Frankreich nach Ungarn kam. Nonius war ein Anglo-Normanne und Begründer einer Zucht mit einheimischen, ungarischen Stuten, Arabern, Lipizzanern, Kladrubern und Vollblütern. Die Nonius-Pferde wurden vor allem für das Militär genutzt, aber auch für die Landwirtschaft. Noch heute machen die überwiegend schwarzen Pferde ein gutes Bild vor dem Wagen. Mit ihrem hoch angesetzten Hals, dem Kopf mit der leichten Ramsnase und ihrem langen Rücken wirken die Nonius sehr imposant. Von Vorteil sind dabei die guten Grundgangarten Schritt, Trab und Galopp. Richtig ausgewachsen sind die Pferde dieser Rasse erst mit sechs Jahren.

➡ Schon gewusst?

Nonius-Pferde sind überwiegend Rappen, doch es gibt auch eine etwas kleinere Zuchtrichtung, deren Pferde meist braun sind.

Auf geht's im Galopp!

Viel Schwarz

Die meisten Rappen haben keine weißen Abzeichen und eher wenig Mähne. Dadurch sehen sie sich sehr ähnlich.

Stolze Ungarn

Der Nonius ist eine der ältesten ungarischen Rassen. Auf der Puszta sind sie eine Touristenattraktion.

Steckbrief

Nonius

- - - - - - - - - - - - - - - - - -

Herkunft: Ungarn

Größe: 145–165 Zentimeter

Farben: oft Rappen

Noriker

Der Name Noriker geht zurück auf die Region Noricum, eine ehemals von den Römern besetzte Region, die fast ganz Bayern und Österreich umfasste.

Steckbrief

Noriker, Pinzgauer

Herkunft: Österreich

Größe: 155–170 Zentimeter

Farben: alle Farben, auch Schecken

Angeberwissen

▶ Zur Vulkan-Linie gehören die frühreifen und adeligeren Pferde.

▶ Die Nero-Linie beinhaltet elegante und kräftige Pferde mit sehr gutem Gangvermögen.

▶ Leichtere Pferde gehören der Diamant-Linie an und die Tigerschecken der Elmar-Linie.

▶ Die Schaunitz-Linie mit ihren mäßig breiten Arbeitspferden wird ausschließlich in Kärnten gezüchtet.

Noriker begeistern nicht nur durch tolle Farben, sondern auch durch ungemein viel Kraft! Die etwa 2 000 Jahre alte Pferderasse wurde 1565 im österreichischen Pinzgau erstmalig registriert. Daher hat sie auch ihren zweiten Namen Pinzgauer. In den Alpen wurden die Pferde zunächst als Arbeitspferde eingesetzt; inzwischen dienen sie auch als Reit- und Fahrpferde. Noriker werden noch heute recht viel gezüchtet – leider sehr häufig auch als Schlachtpferde. Insgesamt gibt es fünf verschiedene Zuchtlinien: die Vulkan-Linie, die Nero-Linie, die Diamant-Linie, die Elmar-Linie und die Schaunitz-Linie. Einen besonders schönen Anblick bieten Noriker in eher ungewöhnlichen Fellfarben, wie zum Beispiel als Mohrenkopfschimmel oder Kuhschecken.

Seine vielen unterschiedlichen und bunten Farben machen den Noriker beliebt! Gerade die bunteren Pferde werden gerne von Freizeit- und Showreitern geritten.

Als echtem Bergbewohner macht dem Noriker Schnee nichts aus – im Gegenteil!

Oldenburger

Der Oldenburger ist ein traditionelles, deutsches Warmblutpferd. Ursprünglich als Arbeitspferd gezüchtet, war der Alt-Oldenburger ein schweres Warmblut, das sich ideal für die Landwirtschaft eignete. Diese schweren, aber sehr ausgeglichenen Pferde waren nach dem Zweiten Weltkrieg nicht mehr so sehr begehrt, da nun viele Arbeiten mithilfe des Traktors erledigt werden konnten. So wurde der Oldenburger umgezüchtet: Durch den Einfluss von Hannoveranern, Holsteinern und natürlich Vollblütern wurde ein modernes Sportpferd gezüchtet, das den anderen deutschen Warmblutzuchten an Leistungsfähigkeit in nichts nachsteht. Oldenburger sieht man im ganz großen Sport ebenso wie auf den ländlichen Turnieren oder auch als Freizeitpferde.

Unglaublich!

Der Alt-Oldenburger, die schwere Zuchtrichtung, ist heute beinahe vom Aussterben bedroht. Der Zuchtverband für das Ostfriesische und Alt-Oldenburger Pferd setzt sich für deren Erhalt ein – mit Erfolg!

Auch für den Freizeitbereich eignen sich Oldenburger. Sie können schließlich alles: Dressur, Springen und Geländereiten.

Vorne mit dabei
Oldenburger sind erfolgreiche Sportpferde und unterscheiden sich optisch nicht mehr vom Hannoveraner.

Landleben
Oldenburger werden oft auf kleinen ländlichen Betrieben gezüchtet.

Steckbrief

Oldenburger

Herkunft: Deutschland

Größe: 160–172 Zentimeter

Farben: alle Farben

O
wie …

Orlow-Traber

Der Orlow-Traber ist ein Pferd, das sowohl für den Wagen als auch für Trabrennen gezüchtet wurde. Er weist oft orientalische, also arabische Merkmale auf und wirkt so edler als beispielsweise die Deutschen Traber. Er ist aber nichtsdestotrotz auch für elegante Kutschfahrten und ebenso für die Landwirtschaft geeignet: Orlow-Traber sind nämlich absolut leistungsbereit und ausdauernd. Als Rennpferde feiern sie große Erfolge. Orlow-Traber laufen Rennen über lange Strecken bis zu 6 400 Metern und sind international als Fahrpferde begehrt. Sie sind elegant, haben feine Köpfe und auffällig hohe sowie weite Trabbewegungen. An den Beinen haben sie teilweise Behang, aber eher weniger als die Friesen.

Namensgeber

Die Schimmel wurden nach ihrem Züchter Graf Orlow-Tschesmenskoj benannt. Bis 1949 wurde der Orlow-Traber auch Russischer Traber genannt.

Steckbrief

Orlow-Traber

- -

Herkunft: Russland

Größe: 158–165 Zentimeter

Farben: oft Schimmel

Sulky

Im Trab

Bei Trabrennen sind Orlow-Traber absolute Spitze! Bis Mitte des 19. Jahrhunderts galten sie sogar als schnellste Traber der Welt.

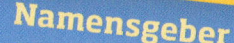

➡ Rekord

52 km/h

Spitzengeschwindigkeit kann der Orlow-Traber im Trab erreichen und das Tempo sogar für längere Zeit halten.

Ein Gespann mit Orlow-Trabern ist eine Besonderheit!

Ein eigenes Pferd

Wer träumt nicht davon: ein eigenes Pferd! Doch dafür musst du ein paar Dinge beachten. Denn jedes Tier braucht Pflege und Aufmerksamkeit. Daher musst du dir bewusst sein, dass du nun für das Wohlergehen des Pferdes verantwortlich bist.

Richtige Wahl

Wenn du ein eigenes Pferd haben möchtest, dann solltest du darauf achten, dass es auch zu dir passt – damit ihr beide glücklich miteinander werdet. Größe, Ausbildungsstand und Temperament deines Pferdes sollten daher auf dich abgestimmt sein.

Welches Pferd passt zu mir?

Wenn du schon größer bist und gerne reiten möchtest, dann passt zum Beispiel ein Shetland-Pony nicht so gut zu dir. Shettys sind super süß, aber eher nur für kleinere Reiter geeignet. Hast du aber Lust aufs Kutschenfahren, dann wirst du mit einem Shetty viel Spaß haben! Als Reitanfänger solltest du dir ein Pferd suchen, das schon etwas älter ist und eine Menge Erfahrung hat. Dann kannst du von deinem Pferd lernen und verunsicherst es nicht so schnell, wenn du etwas noch nicht so gut kannst.

Rat einholen

Bist du ein erfahrener Reiter und hast Spaß an temperamentvollen Pferden? Träumst du vom Turnierreiten? Dann darfst du ruhig nach einem Reitpony oder Warmblutpferd Ausschau halten – das hat das richtige Talent für Dressur- und Springprüfungen. Um das Pferd zu finden, das wirklich zu dir passt, frag am besten deinen Reitlehrer um Rat. Er kennt dich und kann dich und deine Eltern sicher gut beraten. Bevor du dich aber wirklich für ein bestimmtes Pferd entscheidest, sollte der Tierarzt eine Ankaufsuntersuchung machen. Dabei prüft er, ob das Pferd zum Reiten geeignet oder krank ist.

Beste Freunde

Ein eigenes Pferd, das zu einem passt und mit dem man viel erleben kann – etwas Schöneres gibt es nicht!

Ein temperamentvolles Pferd ist etwas für erfahrene Reiter. Anfänger sollten sich besser ein ruhigeres Pferd kaufen, mit dem sie erste Erfahrungen sammeln können.

Gar nicht billig

Natürlich wäre ein eigenes Pferd ganz toll, aber man muss es einmal sagen: Ein Pferd zu haben, ist teuer. Es kostet nicht nur beim Kauf eine ganze Menge Geld, sondern auch die Nebenkosten, die jeden Monat anfallen, sind nicht gerade gering.

Der Stall kostet zwischen 150 bis 350 Euro im Monat, je nachdem wo er ist und was er für eine Anlage hat. Es ist zum Beispiel ziemlich wichtig, dort eine schöne Reithalle zu haben, denn sonst kann man das Pferd bei Schnee und Eis kaum reiten.

Außerdem muss das Pferd geimpft, die Zähne kontrolliert, die Hufe beraspelt oder beschlagen werden und so weiter – der Tierarzt und der Hufschmied werden regelmäßig zu dir und deinem Pferd kommen und das kostet Geld. Von den nötigen Anschaffungen ganz zu schweigen: Ein guter Sattel kostet gerne einmal mindestens 1 500 Euro, eine Trense 150 Euro – und das sind nur einige wenige Dinge, die zur Grundausstattung gehören. Sprich mit deinen Eltern über diese Kosten und stelle zusammen mit ihnen einen Kostenplan auf, damit du genau weißt, wie viele Ausgaben bei einem Kauf und auch danach monatlich auf dich zukommen.

Ausrüstung

Alles, was dein Pferd braucht, ist nicht gerade billig: ein passender Sattel, eine passende Trense – und vielleicht brauchst du auch noch ein schickes Turnier-Outfit?

Ein Pferd für zwei

Wenn du dir noch kein eigenes Pferd leisten, aber schon recht gut reiten kannst, dann ist eine Reitbeteiligung eine gute Idee. Es gibt nämlich viele Pferdebesitzer, die froh sind, wenn sich jemand mit um ihr Pferd kümmert. Dann kannst du, meist gegen ein kleines abgesprochenes Entgelt, regelmäßig ein Pferd reiten und seine Pflege zu einem gewissen Teil übernehmen.

➡ Schon gewusst?

Bei einem Reitpferd ist es nicht unbedingt wichtig, ob es Zuchtpapiere hat – aber einen Equidenpass, eine Art Personalausweis für Pferde, muss jedes besitzen!

Turnierpferd

Bandagen sehen schick aus, sind allerdings in Dressurprüfungen nicht erlaubt.

Das richtige Zuhause

Die Box

In einer Box kann ein Pferd in Ruhe fressen und wird nicht von den anderen Pferden gestört, die vielleicht ranghöher sind. Für ein paar Stunden fühlt es sich darin sicher wohl, auch wenn es sich schon auf den nächsten Ausflug auf die Weide freut! Für Boxen gibt es eine Mindestgröße: 2 x Widerristhöhe im Quadrat. Bei einem Pferd mit einem Stockmaß von 1,65 Metern beträgt die Boxengröße mindestens 2 x 1,65 Meter im Quadrat, also 10,89 Quadratmeter. Das ist nicht viel; deshalb ist regelmäßiger, mehrstündiger Auslauf wirklich wichtig! Die meisten Boxen sind mit Stroh eingestreut, denn es saugt am besten Flüssigkeiten auf – schließlich muss das Pferd die Box auch als Toilette nutzen. Aber auch Holzspäne oder spezielle Pellets sind als Einstreu geeignet.

Auf dem Reiterhof siehst du hoffentlich viele Pferde, die draußen stehen. Du weißt ja, dass Pferde viel Platz und die Möglichkeit brauchen, sich zu bewegen. Je besser sie untergebracht sind, desto wohler fühlen sich die Tiere auch. Auf einem Reiterhof stehen viele Pferde, deren Besitzer ihr Pferd nicht zu Hause halten können. Schließlich kann man sein Pony nicht einfach im Garten unterbringen, sondern es braucht einen passenden Unterstand und einen großen Auslauf.

Freizeit für Mensch und Pferd

Auf einem Reiterhof sollten sich sowohl die Pferde als auch die Menschen wohlfühlen. Auf manchen Höfen kannst du sogar Ferien machen. Den ganzen Tag Pferde putzen, füttern und reiten – etwas Schöneres gibt es kaum! Achte bei der Wahl des Reiterhofs aber darauf, dass die Pferde dort auch gut gehalten werden.

Der Offenstall

Pferde leben am liebsten mit Freunden zusammen. Deshalb ist der Offenstall eigentlich ihre liebste Haltungsform. Ein Offenstall ist ein Stall, der an drei Seiten geschlossen ist und in dem mehrere Pferde gemeinsam leben. Das können Gruppen von zwei bis etwa 20 Pferden sein. Aber so ein Offenstall muss natürlich groß genug für alle Pferde sein und einen guten Boden haben, der nicht gleich vermatscht, wenn es regnet und die Pferde Schmutz hineintragen. Deshalb gehört zu einem Offenstall ein großer Auslauf, der sogenannte Paddock, der zumindest teilweise mit Pflastersteinen, Kunststoffgittern oder Sand befestigt ist. Bei großen Gruppen gibt es auf der Offenstallanlage meist mehrere Ställe, damit sich jedes Pferd bei Dauerregen unterstellen kann. Offenställe sind nicht immer mit Stroh eingestreut, sie können auch mit Sandboden oder speziellen Gummimatten ausgelegt sein, auf die sich Pferde gerne legen.

Gemeinsam
Die meisten Pferde fühlen sich in einem Offenstall am wohlsten. Dann muss aber ausreichend Platz für jedes Pferd sein.

Die Weide

Wenn sich Pferde aussuchen könnten, wo sie sein möchten, dann würden sie eigentlich immer die Weide wählen. Dort sind sie an der frischen Luft mit Freunden zusammen, können fressen und herumlaufen – alles, was ihnen gefällt und guttut! Wenn Pferde länger auf der Weide stehen, brauchen sie auch einen Unterstand, falls es zu heiß wird oder den ganzen Tag regnet. Einige dichte Bäume können aber auch ausreichen.

Der Paddock

An manche Boxen grenzen kleine Paddocks. Ein Paddock ist ein umzäunter Auslauf. So etwas ist natürlich viel schöner für die Pferde, als wenn ihr Stall ganz geschlossen ist. Und für den Winter gibt es in vielen Ställen größere Paddocks, wo sich Pferde tagsüber dann sogar zusammen aufhalten können. Denn leider kann man die Weiden im Winter meistens nicht benutzen, da die Pferde sonst das Gras kaputttreten würden. Aber ein schöner Paddock ist eine gute Alternative für die Pferde, um sich in ihrem Zuhause wohlzufühlen.

Ausmisten

Das brauchst du:

(1) Mistgabel
Mit Mistgabel und Schaufel werden nasse Einstreu und Mist entfernt.

(2) Besen
Der Besen hilft, den Dreck vom Putzplatz und aus der Box wegzufegen.

(3) Mistboy
Ohne Mistboy ist das Aufsammeln der Pferdeäpfel schwierig.

(4) Schubkarre
Mit einer Schubkarre fährt man den Mist auf den Misthaufen und holt frisches Heu oder Stroh.

Top in Form!

Um fit und gesund zu bleiben, muss ein Pferd regelmäßig gepflegt werden und das richtige Futter erhalten. Falsches Futter macht Pferde krank – da sind sie wirklich empfindlich! Welche Art von Futter am besten passt, hängt auch ein wenig vom Alter des Tieres und seinem gesundheitlichen Zustand ab. Ein Fohlen bekommt zum Beispiel etwas anderes zu fressen als ältere Pferde.

Nie genug

Von Gras oder Heu können Pferde nie genug bekommen und das ist auch richtig so. Sie müssen den ganzen Tag Raufutter, so nennt man Gras, Heu und Stroh, zur Verfügung haben. Ihr Darm ist darauf ausgerichtet, ständig etwas zu tun zu haben. Futterpausen von mehreren Stunden sind für Pferde nicht gut. Auf Dauer können sie davon sogar krank werden.

Mehr Kraft

Zusätzliche Energie bekommen Pferde, die viel geritten werden, durch sogenanntes Kraftfutter. Das können Gerste, die nur gewalzt gefüttert werden kann, oder ganz einfach Hafer sein. Es gibt auch viele Müsli- und Pelletfuttersorten für Pferde, aber eigentlich brauchen sie wirklich nur Heu und Hafer – und ab und zu etwas Mineralfutter und einen Salzleckstein zur freien Verfügung. Mineralfutter versorgt das Pferd mit den für den Körper lebenswichtigen Mineralien. Wenn das Pferd aber ein Müslifutter bekommt, dann sind darin meistens schon Mineralien zugefügt und zusätzliches Mineralfutter ist nicht mehr nötig. Müslis gibt es unter anderem für alte Pferde oder für Pferde mit Haut- oder Darmerkrankungen. Wer seinem Pferd etwas Leckeres geben will, kann ihm etwas Mash machen, das ist besonders gesundes Futter mit Leinsamen und Weizenkleie, das man allerdings nur ab und zu geben sollte. Auch über eine Möhre wird sich ein Pferd immer freuen.

➡ Rekord

16 Stunden

am Tag etwa ist ein Pferd in freier Natur mit der Nahrungsaufnahme beschäftigt.

Raufutter

Heu oder Heulage sollten Pferde am besten den ganzen Tag zum Fressen zur Verfügung haben.

Kraftfutter

Kraftfutter ist nur bei Pferden notwendig, die viel leisten müssen. Aber auch dann reichen schon geringe Mengen aus. Zu viel Kraftfutter belastet Magen und Darm des Pferdes. Daher ist weniger definitiv mehr!

Angeberwissen

▶ Pferde sollten mindestens ein Kilogramm Raufutter (Heu oder Ballensilage) pro 100 Kilogramm Körpermasse erhalten.

▶ Ein Pferd braucht etwa 30 bis 60 Liter Wasser am Tag. Die genaue Menge ist abhängig vom Futter, der Außentemperatur und der Möglichkeit an Bewegung.

Wellness-Programm

Fellpflege ist für ein Pferd durchaus wichtig. Zum einen ist es freundliche Kontaktpflege zwischen Mensch und Tier und zum anderen wird verklebtes Fell gebürstet und ausgefallene Haare entfernt. Blitzeblank glänzen muss ein Pferd allerdings nicht: Fett und Staub bilden eine natürliche Schutzschicht, die man nicht entfernen sollte. Außerdem gehört zur Pflege natürlich immer auch die Kontrolle der Hufe. Sie sollten von Steinen und Dreck befreit werden.

Putzen ist auch Pflege. Ein Pferd muss nicht glänzen, aber es sollte regelmäßig von grobem Dreck befreit werden.

Das richtige Putzzeug

Welches Putzzeug man am liebsten benutzt, ist Geschmackssache! Hauptsache, man ist an den knöchernen Stellen des Pferdes nicht zu grob mit einer harten Bürste.

(1) Der Striegel befreit das Pferd von grobem Dreck.

(2) Mit der Wurzelbürste kann man die Beine putzen.

(3) Den letzten Schliff gibt es für das geputzte Pferd mit der weichen Kardätsche.

(4) Mit einem Schwamm kann man bei Bedarf behutsam die Nüstern auswischen.

(5) Vorsichtig wird die Mähne mit dem Mähnenkamm gekämmt.

(6) Mit dem Hufkratzer kontrolliert und reinigt man die Hufe.

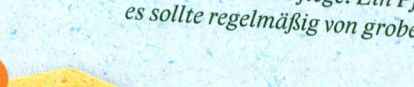

Leckerlis selber machen

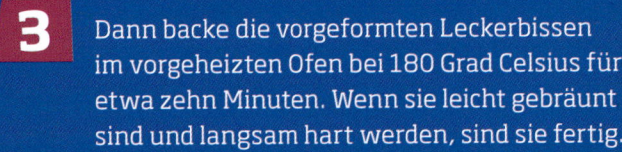

DIY Special

Du brauchst:

- 225 Gramm Zuckerrübensirup
- 200 Gramm Weizenvollkornmehl
- 150 Gramm Vollkornhaferflocken

1 Vermische alle Zutaten und knete sie so lange, bis ein Teig entsteht, der sich gut formen lässt. Wird der Teig zu fest, gib etwas Wasser hinzu, bleibt er zu weich, etwas Mehl.

2 Forme nun mit der Hand kleine Leckerlis aus dem Teig. Du kannst auch eine Rolle machen, von der du etwa zwei Zentimeter lange Stücke abschneidest.

3 Dann backe die vorgeformten Leckerbissen im vorgeheizten Ofen bei 180 Grad Celsius für etwa zehn Minuten. Wenn sie leicht gebräunt sind und langsam hart werden, sind sie fertig.

! **Wichtig!**
Bitte erst am zweiten Tag nach dem Backen verfüttern, damit die Leckerlis noch richtig aushärten können. Nur so können Pferde sie auch vertragen.

Kerngesund?

Mir geht's gut!
Bei einem gesunden Pferd sieht man kräftige Muskeln und ein glänzendes Fell.

Ein gesundes Pferd erkennt man an seinem glänzenden Fell und seinen wachen Augen. Natürlich darf es auch nicht lahmen und seine Verdauung muss in Ordnung sein. Ein erster kleiner Check sind immer auch die PAT-Werte: Puls, Atmung, Temperatur. Der Puls eines Pferdes zählt in einer Ruhephase zwischen 28 und 40 Schlägen die Minute. Man kann ihn an der Innenseite der Ganasche fühlen, dem hinteren Teil des Unterkiefers, oder mit einem Stethoskop hören. Die Atmung beträgt zwischen acht und 16 Atemzügen pro Minute, die man ganz gut mitzählen kann, indem man die Seiten des Pferdes beobachtet, die sich im Rhythmus der Atemzüge bewegen. Die Körpertemperatur eines gesunden Pferdes liegt zwischen 37,5 und 38,2 Grad Celsius – kann aber nach dem Reiten auch manchmal etwas erhöht sein.

Alles okay?
Wenn das Pferd hustet oder ungewöhnlich schlapp ist, kontrolliert der Tierarzt die Atmung. Bei Verdacht auf eine Kolik hört er die Darmgeräusche ab.

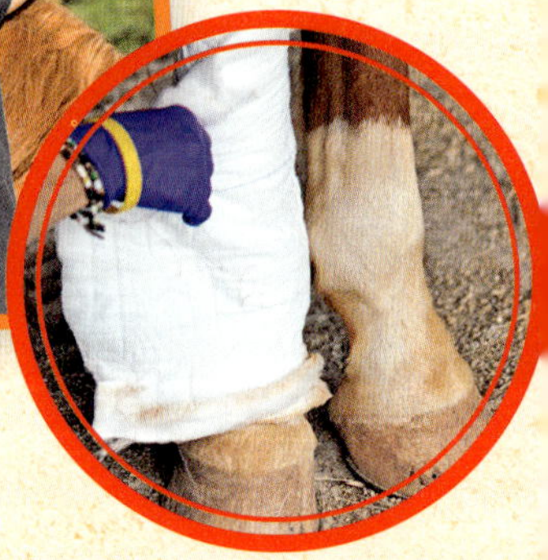

Verletzt
Bei tieferen Wunden muss der Tierarzt gerufen werden. Wundverbände sollte nur er anlegen.

☠ Giftpflanzen

Viele Pflanzen, die bei uns am Wegesrand oder in Vorgärten stehen, sind für Pferde giftig! Zum Beispiel bestehen einige Hecken aus Kirschlorbeer oder Buchsbaum, die beide hochgiftig sind. Und die gefährliche Eibe sieht zwar auf den ersten Blick aus wie eine normale Tanne, kann einem Pferd aber gefährlich werden. Die wichtigsten Giftpflanzen sollte daher jeder Reiter kennen. Hier noch einige weitere Beispiele:

Sumpfdotterblume

Bilsenkraut

Arthrose

Arthrose tritt meist bei älteren Pferden auf. Das Pferd lahmt, weil Gelenke durch die jahrelange Belastung Verschleißerscheinungen zeigen. Wenn der Tierarzt das Pferd untersucht hat, kann es manchmal trotzdem geritten werden, da ihm Bewegung guttut.

Gefährlich

Dieses Pferd scheint starke Schmerzen zu haben!

Kolik

Kolik ist ein Sammelbegriff für Bauchschmerzen. Der Grund dafür kann im Bereich des Magens oder Darms liegen. Falsches Futter oder Verwurmung können verantwortlich sein. Aber auch zahlreiche andere Ursachen sind möglich. Ein Pferd, das nicht frisst oder sich ständig hinwirft und unruhig ist, kann eine Kolik haben. Im Zweifel immer den Tierarzt rufen.

Schlundverstopfung

Wenn ein Pferd falsches Futter wie nicht eingeweichte Rübenschnitzel frisst, kann es eine Schlundverstopfung bekommen. Es speichelt eventuell an der Nase und versucht krampfhaft zu schlucken. Die Schlundverstopfung ist lebensgefährlich; deshalb muss sofort der Tierarzt angerufen werden.

Sehnenentzündung

Ein dickes Bein kann als Ursache eine geschwollene Sehne haben – dann hat das Pferd eventuell eine Sehnenentzündung und ist lahm. Damit darf es nicht mehr geritten werden. Auch eine Sehnenentzündung ist immer ein Grund, einen Tierarzt anzurufen.

Bei länger anhaltender oder wiederkehrender Hufrehe können sogar Ringe in der Hufwand entstehen.

Ringe in der Hufwand

Hufrehe

Die Hufrehe ist eine Entzündung im Huf, genauer gesagt der Huflederhaut. Sie ist extrem schmerzhaft und muss vom Tierarzt behandelt werden. Hufrehe ist eine sehr schwere Erkrankung, die den Huf des Pferdes dauerhaft schädigt und im schlimmsten Fall dazu führen kann, dass das Pferd eingeschläfert werden muss.

Bronchitis

Bronchitis bei Pferden kann akut oder chronisch sein. Da die Lungen von Pferden sehr empfindlich sind, müssen diese unbedingt von einem Tierarzt untersucht werden, wenn Pferde husten. Bei leichtem Husten tut ihnen Bewegung gut. Bei Fieber dürfen sie nicht geritten werden. Chronische Bronchitis kann dazu führen, dass das Pferd dauerhaft nicht mehr geritten werden kann.

Fingerhut

Buschwindröschen

Herbstzeitlose

Adlerfarn

P wie ... Paint Horse

Ein Paint Horse ist eigentlich ein geschecktes Quarter Horse. Da der Zuchtverband der Quarter Horses keine gescheckten Fohlen eintragen wollte, wurde für die Paint Horses ein eigener Zuchtverband gegründet. Hier werden auch Pferde eingetragen, deren Eltern oder jeweils Vater oder Mutter einfarbige Quarter Horses sind; wichtig ist nur, dass das Fohlen gescheckt ist. Der Körperbau der Tiere unterscheidet sich nicht von dem der Quarter Horses: Auch die Paints sind mittelgroß, kräftig, haben viele Muskeln an der Hinterhand und eher kurze, feine, aber breite Köpfe. Die traditionellen Pferde der Cowboys können ideal für die Arbeit mit dem Rind, zum Hüten oder Aussortieren der einzelnen Tiere verwendet werden, aber auch jederzeit an den beliebten Rodeo-Reitsportturnieren teilnehmen.

Overo

Angeberwissen

▶ Es gibt zwei Arten der Scheckung: Tobiano- und Overo-Scheckung.

▶ Tobianos haben weiße Beine und weiße Zeichnungen auf dem Rücken.

▶ Bei Overos sind die Beine meist dunkel. Dafür haben sie viele Weißzeichnungen im Gesicht und vor allem am Bauch.

Ohne Scheckung?

Egal ob Tobiano, Overo oder einfarbig: Bei den Paint Horses können alle Pferde eingetragen werden.

Tobiano

Steckbrief

Paint Horse

- - - - - - - - - - - - - - - -

Herkunft: USA

Größe: 145–160 Zentimeter

Farben: oft Schecken

Unglaublich!

Um als Paint zu gelten, müssen die Vorfahren des Pferds bei der American Paint Horse Association (APHA), der Quarter Horse Association oder als Englische Vollblüter gelistet sein und dem vorgeschriebenen Rassenstandard entsprechen.

Ihre Spezialität sind schnelle Sprints und rasante Stopps.

Paso Fino

Paso Finos stammen von den Pferden der spanischen Eroberer ab. Noch heute sehen sie den spanischen und iberischen Pferden ähnlich. Gezüchtet wurden die Paso Finos, um weite Wege möglichst bequem überwinden zu können. Sie sind robust und trittsicher genug, um ihre Reiter mit ihrem lockeren Tölt über Berge und durch unwegsames Gelände zu tragen. Zudem sind die Paso Finos sehr ausdauernd. Auch wenn die meisten von ihnen am liebsten Tölt laufen, können sie außerdem Schritt, Trab und Galopp zeigen. Schließlich bedeutet ihr Name Paso Fino auch »feiner Gang«. Den Tölt gibt es in drei Variationen: den imposanten Classic Fino der Showauftritte, den ausdauernden Paso Corto und den rasanten Paso Largo, der Galoppgeschwindigkeiten erreicht.

Typisch

Der landestypisch gezäumte Paso Fino zeigt seinen feinen Gang, der für den Reiter sehr bequem ist. Die Veranlagung zu diesen Gängen ist angeboren. Deshalb zählen die Paso Finos auch zu den Gangpferden.

➡ Schon gewusst?

Ebenso besonders wie der Tölt des Pferdes sind sein Temperament, sein Arbeitseifer wie auch seine Rücksichtnahme auf den Reiter. All diese Eigenschaften werden unter dem spanischen Wort »brio« zusammengefasst, das »gehorsames Feuer« bedeutet.

Unregelmäßige Blesse

Nachwuchs

Paso Finos sind bei uns selten. Man trifft sie am ehesten bei traditionellen Gangpferdeturnieren oder beim Wanderreiten.

Steckbrief

Paso Fino

- - - - - - - - - - - - - - - - - - - -

Herkunft: Südamerika

Größe: 140–152 Zentimeter

Farben: alle Farben

In freier Natur

Paso Finos fühlen sich auf der Weide sehr wohl und sind auch unter dem Reiter gerne im Gelände unterwegs.

P wie ...

Paso Peruano

Der Paso Peruano ist mit dem Paso Fino eng verwandt. Beide Rassen haben ihren Ursprung bei den Pferden der spanischen Eroberer und zeigen den Tölt. Neben dem Paso Llano, wie der langsame Viertakt-Tölt bei dieser Rasse auch genannt wird, laufen Paso Peruanos auch den schnelleren Sobrandando. Das besondere Merkmal dieser Rasse ist der Termino. Bei diesem Lauf werden die Vorderbeine aus der Schulter herausgedreht und nach vorne bewegt. Der Reiter wird dadurch beinahe erschütterungsfrei getragen. Der Tölt des Paso Peruano ist genetisch fixiert, also angeboren und bereits Fohlen laufen so. Schritt, Trab und Galopp sind aber ebenfalls angeboren. Paso Peruanos waren lange Zeit das einzige Fortbewegungsmittel in Peru.

 Schon gewusst?

Auch wenn der Termino der Paso Peruanos etwas ungewöhnlich aussieht, ist er äußerst bequem zu sitzen.

Neue Heimat

Inzwischen gibt es die südamerikanischen Tölter auch in Deutschland. Sie sind wegen ihrer Schönheit und ihres Ganges sehr begehrt.

Steckbrief

Paso Peruano

- - - - - - - - - - - - - - - - - - - -

Herkunft: Peru
Größe: 145–152 Zentimeter
Farben: alle Farben

Achtung! Hier komme ich!

Gar nicht klein

Der Paso Peruano ist zwar ein kleines Pferd im Ponymaß, aber auch für Erwachsene geeignet.

Natürlich können Paso Peruanos auch galoppieren! Neben dem Tölt sind auch Schritt, Trab und Galopp angeboren.

Percheron

Gemeinsam sind wir stark!

Zugkraft

Wenn die starken Percherons vor der Kutsche sind, dann ist kein Wagen zu schwer! Eine voll besetzte Kutsche ist für sie kein Problem.

Steckbrief

Percheron

Herkunft: Frankreich

Größe: 160–170 Zentimeter

Farben: oft Schimmel, wenige Rappen

Percherons sind wahrhaft auffällige und imposante Pferde. Sie sind nicht nur sehr groß und schwer, sondern gleichzeitig auch edel und faszinierend. Ihren Namen haben sie der Landschaft Le Perche im Norden von Frankreich zu verdanken. Durch die Einkreuzung von Arabern nahmen die eher schweren Kaltblüter auch einige von deren Eigenschaften an. Zum Beispiel wurden ihre Gesichter viel feiner und sie bewegten sich weitaus eleganter als davor. Sie wurden zu Beginn sowohl von den Bauern als Arbeits- und Zugpferde als auch als Kriegspferde eingesetzt. Sie zogen zudem Wagen und Kutschen, wie die Postkutsche. Heute gibt es trotz ihrer großen Beliebtheit leider kaum noch Verwendung für sie. Eine leichtere Züchtung wird allerdings auch für Dressur und Springreiten eingesetzt.

Starker Schimmel

Freund und Helfer

Was für ein Pferd! Wenn ein Polizist mit diesem Percheron kommt, haben sicher alle Respekt!

Unglaublich!

Obwohl der Percheron mit Arabern gekreuzt wurde, hat er nichts an seiner außerordentlichen Größe oder an Gewicht verloren. Der stärkste Hengst soll über zwei Meter groß und über 1 000 Kilogramm schwer gewesen sein!

Polo Pony

Polo-Feld

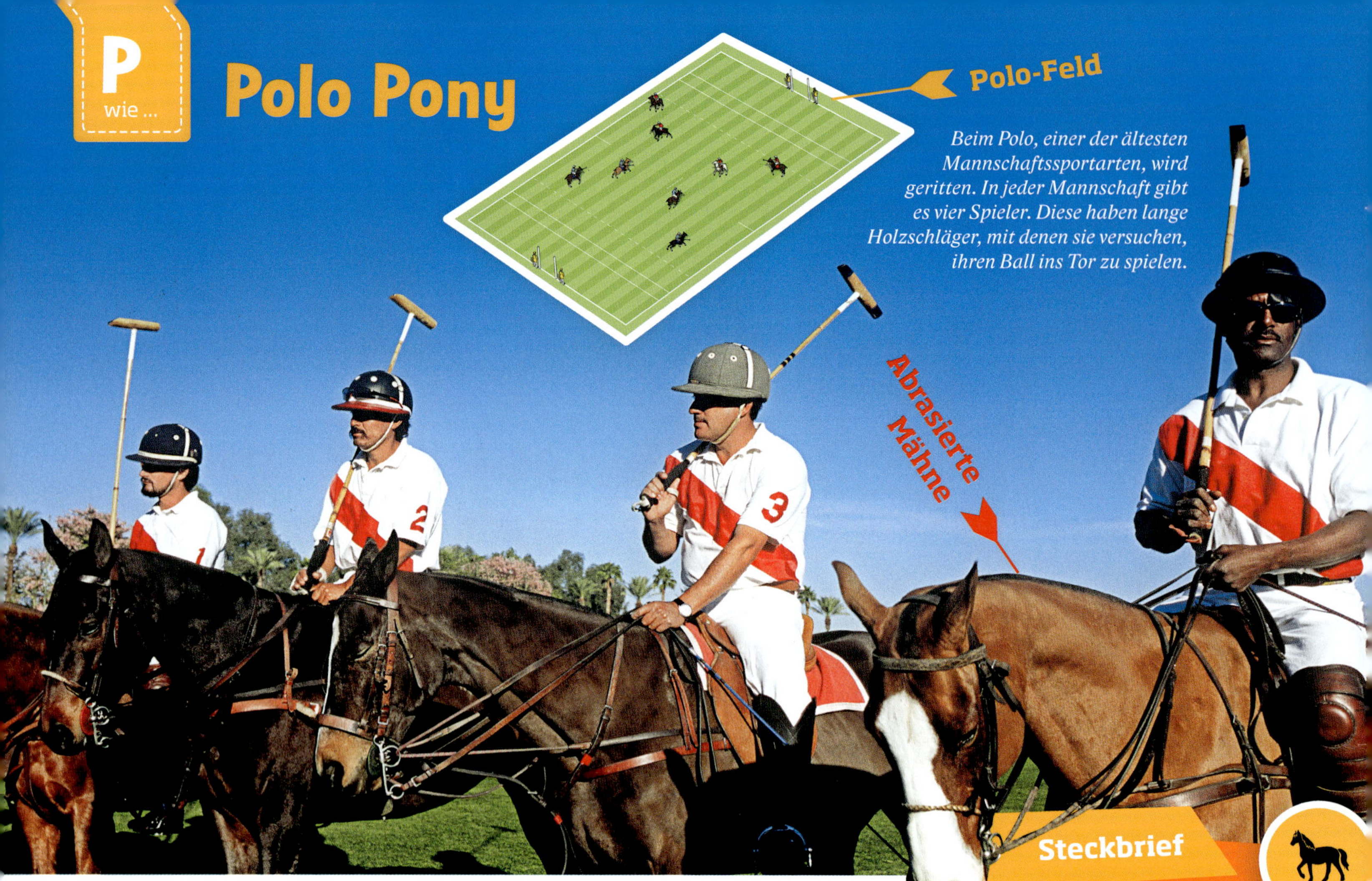

Beim Polo, einer der ältesten Mannschaftssportarten, wird geritten. In jeder Mannschaft gibt es vier Spieler. Diese haben lange Holzschläger, mit denen sie versuchen, ihren Ball ins Tor zu spielen.

Abrasierte Mähne

Steckbrief

Polo Pony

Herkunft: Argentinien
Größe: 155–158 Zentimeter
Farben: alle Farben

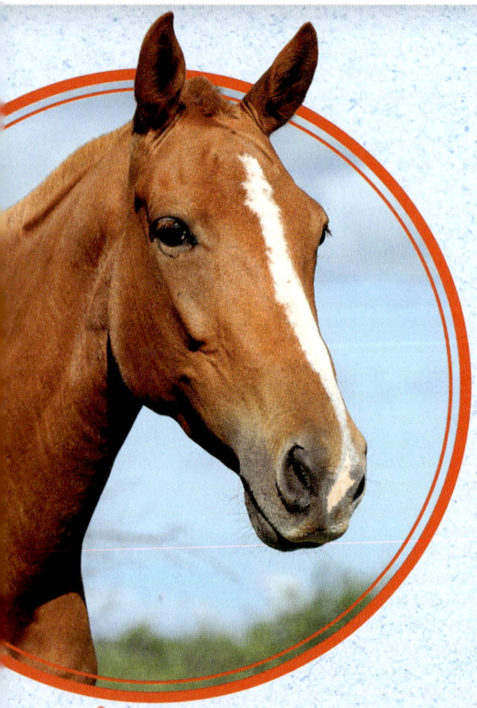

Polo Ponys sind eine Rasse, die speziell für das Polospiel gezüchtet wurde. Ursprünglich kreuzte man einheimische Criollos, die typischen argentinischen Arbeitspferde, mit Englischen Vollblütern. Auch Araber und Quarter Horses wurden miteingekreuzt. So entstand ein Pony, das sehr schnell sprinten und ebenso schnell stoppen kann. Inzwischen sind die meisten Polo Ponys gar keine Ponys mehr, so wie wir sie als kleine Pferde verstehen. Sie sind nämlich in der Regel über 155 Zentimeter groß – einige sogar bis zu 180 Zentimeter. Diese großen Ponys sind aber weniger wendig. Auch die Farben und Abzeichen der Polo Ponys sind unterschiedlich – aber sportlich sind sie alle!

Schläger

Schon gewusst?

Damit sich der Poloschläger nicht in der langen Mähne des Polo Ponys verfängt, werden den Tieren Mähne und Schopf abrasiert. Der Schweif wird meistens hoch- und zusammengebunden.

Action pur!

Polo ist ein schnelles Spiel! Die Polo Ponys müssen viel galoppieren und deshalb tauscht ein Reiter die Pferde auch während des Spiels aus.

Ball

Pony of the Americas

Die Pony of the Americas sind eine relativ neue Rasse aus den USA. Ihre Geschichte begann mit einem Pony namens Black Hand, das die Tigerflecken der Appaloosa-Pferde hatte, aber klein wie ein Pony war. Außerdem hat es den kräftigen, muskulösen Körper der Quarter Horses und einen hübschen Kopf. Diese Ponys wurden weitergezüchtet und sind heute in den USA weitverbreitet. Inzwischen gibt es bei den Tieren neun anerkannte Fellfarben. Allerdings verändern sich diese im Laufe eines Ponylebens häufig noch. Die Ponys of the Americas eignen sich nicht nur als Freizeitpferd, sondern auch als Turnierpferd. Egal ob beim Westernreitsport, Fahrsport oder Distanzreiten – sie machen überall eine gute Figur!

Klein, aber oho!
Die Ponys sind so groß, dass sie auch von kleineren Erwachsenen geritten werden können.

Fellfarben der Ponys of the Americas:

- **Marbleized roan pattern:** Als wäre das Fell aus Marmor.
- **Few spotted leopard pattern:** weiß mit einigen dunklen Punkten.
- **Leopard pattern:** weiß mit vielen dunklen Punkten.
- **Snowflake pattern:** dunkle Fellfarbe wie mit Schnee bedeckt.
- **Frost pattern:** dunkle Fellfarbe wie mit weißem Frost bedeckt.
- **Blanket pattern:** Als würde eine weiße Decke auf dem dunklen Pferd liegen.
- **White with black spots:** weiß mit dunklen Flecken im Bereich der Hinterhand.
- **Roan:** rötlichgraues Fell mit schwarzen und rötlichen Haaren.
- **Solid with dark spots:** wenige dunkle Punkte.

Die Mama trägt die typische Tigerscheckung, das Fohlen ist ein hübscher Schecke.

Steckbrief

Pony of the Americas
- - - - - - - - - - - - - - - - - - -
Herkunft: USA

Größe: bis 142,5 Zentimeter

Farben: Tigerschecken

➡ Schon gewusst?
Ponys of the Americas sind beliebte Ponys für Kinder und Jugendliche. Ihr ruhiges und geduldiges Wesen ist nicht nur perfekt für Reitanfänger, sondern es macht sie auch zu geeigneten Therapiepferden.

Pottok Pony

Im bergigen Baskenland fühlen sich die Pottok Ponys wohl!

Funny Fact

Haarige Sache!

Im Winter finden die Pottoks kein Gras mehr. Daher ernähren sich die Pferde dann auch von Sträuchern und Büschen. Damit sie sich an deren Ästen und Dornen nicht verletzen, wächst ihnen in der kalten Jahreszeit ein Bart, der sie davor schützt.

Bart

Steckbrief

Pottok Pony, Pottok, Pottoka

- -

Herkunft: Frankreich, Spanien

Größe: 115–147 Zentimeter

Farben: Braune, Füchse, Schecken

Pottoks sind eine sehr alte Rasse aus dem Baskenland. Dort bedeutet Pottok »kleines Pony«. Die kleinen Ponys leben noch immer halbwild in den baskischen Bergen. Sie haben sich deren harten Lebensbedingungen angepasst und sind deshalb sehr robust. Es gibt drei Typen dieser Rasse: Standard-Pottoks, Scheck-Pottoks und Doppel-Pottoks. Als Pottok Pony Sektion A werden die reinrassigen Ponys bezeichnet. Werden sie mit anderen Ponys gekreuzt, nennt man sie in Frankreich Pottok Sektion B. In Spanien, wo die Pottoks ebenfalls noch gezüchtet werden, gehören nur die einfarbigen Ponys, die kleiner als 130 Zentimeter sind, zur Sektion A und alle anderen reinrassigen werden Pottoka Sektion B genannt. Für Pottoks, in die andere Rassen eingekreuzt wurden, hat man dort die Sektion C.

Genügsam

Pottoks brauchen nicht viel Futter. Finden sie kein Gras mehr, fressen sie auch anderes Grün.

➡ Schon gewusst?

Die Heimat der Pottoks ist das Baskenland. Es liegt in den Pyrenäen und gehört sowohl zu Frankreich als auch zu Spanien. Den Namen Pottok spricht man »Pottiok« aus, Pottoka spricht man »Pottokak«.

Przewalski

Unglaublich!

Przewalski-Pferde sind den Ur-
pferden sehr ähnlich und unterscheiden sich daher von unseren
heutigen Pferden: Sie haben
einen Brustwirbel mehr und
statt 64 Chromosomen 66.

Einheitlich

*Die Wildpferde haben
alle die gleiche Farbe und
sehen sich sehr ähnlich.*

*Diese beiden Jungpferde üben Kampfspiele. Dabei wird
aber kein Tier verletzt – auch wenn es wild aussieht!*

➜ Schon gewusst?

*Der Name Przewalski kommt vom Entdecker
der Pferdchen: Oberst Nikolai Przewalski ent-
deckte die Przewalski 1878 in der Mongolei.*

Das Mongolische Wildpferd ist ein sehr ursprüngliches Pferd, das den Urwildpferden vom Typ noch
sehr ähnlich ist. Nach neueren Forschungen ist
das Przewalski aber kein Vorfahre unserer Hauspferde –
auch wenn man das viele Jahre lang geglaubt hat. Es ist
nur mittelgroß, aber kräftig und sehr robust. Ursprünglich
waren die recht angriffslustigen Mongolischen Wildpferde
in Asien weitverbreitet und konnten auch mit wenig Futter
bei schwierigster Witterung überleben. Dennoch gilt das
Przewalski seit 1969 als ausgestorben. Die Pferde, die
heute wieder wie ihre Vorfahren in der Mongolei leben,
stammen von Pferden ab, die in Zoos und Wildparks gezüchtet und schließlich wieder ausgewildert wurden.

Steckbrief

**Przewalski, Mongolisches
Wildpferd**

Herkunft: Asien

Größe: 130–145 Zentimeter

Farben: Falben

Stehmähne

Aalstrich

*In der Mongolei wurden
die ursprünglichen Pferd-
chen wieder ausgewildert.*

Zebrierung

Pura Raza Española

Typisch

Ein klassischer Andalusier: ein Schimmel mit einem kräftigen Hals, einem hübschen Gesicht und ganz viel Mähne.

Pura Raza Española ist spanisch und bedeutet »reine spanische Rasse«. Die PREs, wie man den Namen auch oft abkürzt, werden oft einfach Andalusier genannt. Doch genau genommen kann ein Andalusier auch ein Mischling aus PRE und einer anderen Rasse sein. Nur ein PRE ist ein wirkliches Rassepferd. Es ist ein attraktives, sehr schickes Pferd, das schon im Mittelalter wegen seines Aussehens von den Adeligen sehr geschätzt wurde. Das im Rücken eher kurze Pferd mit dem hohen Halsansatz und den imposanten Bewegungen ist äußerst schön anzusehen und noch heute sehr beliebt. PREs eignen sich gut für die Klassische Dressur mit ihren Übungen,

➡ Schon gewusst?

Der Süden Spaniens war lange von den Mauren besetzt. Die Pferde der muslimischen Araber, die Berber, haben die Zucht der Pura Raza Española stark beeinflusst.

Steckbrief

Pura Raza Española

- -

Herkunft: Spanien

Größe: 155–162 Zentimeter

Farben: oft Schimmel, aber auch alle anderen Farben

Nachzucht

Viele kleine Zuchtbetriebe in Andalusien haben ein oder zwei Fohlen im Jahr, die sie ganz nah am Haus aufziehen.

die viel Versammlung erfordern. Ein Pferd, das sich versammelt, tritt mit den Hinterbeinen weiter unter seinen Körper und verlagert sowohl sein eigenes Gewicht als auch das seines Reiters mehr auf die Hinterhand. So wird es mit der Vorderhand leichter und erhabener und richtet sich vorne auf. Bewundern kann man dieses Talent unter anderem an der Königlich-Andalusischen Reitschule im spanischen Jerez. Freunde der klassischen Reitweise schätzen Pura-Raza-Española-Pferde auf der ganzen Welt und es gibt beispielsweise in Deutschland zahlreiche Züchter. Eher selten sind die reinsten PREs, die Cartujanos oder Kartäuser, wie man sie bei uns nennt. Sie werden seit dem 15. Jahrhundert in einigen Klöstern im Süden Spaniens gezüchtet und gelten als besonders wertvoll.

Früher und heute

(1) *Die Garrocha, die Stange, mit der Stiere getrieben werden, wird auch heute noch in der Dressur genutzt.*
(2) *Lektionen an der Hand gehören zur Spezialität der PREs.*

Den Stuten werden die Mähnen geschoren, damit sie sich nicht im Gestrüpp verheddern.

159

Quarter Horse

Den Quarter Horses liegt die Rinder-arbeit im Blut! Rasant sprinten sie dem jungen Rind hinterher.

Cowboy

Steckbrief

Quarter Horse

Herkunft: Nordamerika

Größe: 148–155 Zentimeter

Farben: alle Farben, keine Schecken

Ein kurzer Blick auf das Hinterteil des Pferdes genügt und der Pferdekenner sagt, ohne zu zögern: »Das ist ein Quarter Horse!«. Woran kann er das so schnell erkennen? Ganz einfach: Quarter Horses haben meistens eine wirklich kräftige Hinterhand. Dabei sind die Pferde jedoch keineswegs dick, sondern nur sehr muskulös. Die Hinterbeine haben so kräftige Muskeln, dass so ein Quarter, wie es auch oft genannt wird, ausgesprochen schnell beschleunigen und bremsen kann. Deshalb ist es auch der Spezialist der Westernreitweisen: Es ist schnell, wendig und kann unglaublich spektakulär anhalten. Sliding Stop heißt das Manöver, bei dem das Westernpferd so abrupt stoppt, dass es mit den Hinter-beinen zwar schon steht, dabei aber immer noch weiterrutscht, während die Vorderbeine sogar ein Stück weiterlaufen. Das sieht wahnsinnig imposant aus.

Angeberwissen

▶ Der Name Quarter Horse kommt daher, dass diese Pferde früher auf Rennen über eine »quarter mile« gelaufen sind; das ist englisch und heißt »Viertelmeile«. Umgerechnet sind das etwa 400 Meter.

Kraftpaket

Quarter Horses haben kräftige Muskeln, besonders an der Hinterhand und der Kruppe.

Treue Freunde

Quarter Horses sind wunderbare Freizeit-pferde, die aber auch auf Turnieren alle Manöver, wie den Sliding Stop, beherrschen.

Starke Muskeln ▶

Rheinisches Kaltblut

Das Rheinisch-Deutsche Kaltblut wurde mithilfe des belgischen Ardenners gezüchtet, um auch in Deutschland ein kräftiges Arbeitspferd zu erhalten. Die Zucht von Warmblutpferden wurde im 19. Jahrhundert sehr eingeschränkt, um mehr Pferde für die Landwirtschaft zu bekommen. Zunächst wurden viele belgische Pferde importiert, doch bald wurden die Rheinischen Kaltblüter selbst zu einer geschätzten Rasse. Denn bevor der Traktor erfunden wurde, waren diese Pferde einfach unersetzlich. Doch mit dem Siegeszug der Motorisierung begann der Niedergang der Kaltblutzucht. In der ehemaligen DDR wurden noch länger als auf westdeutscher Seite Kaltblüter gezüchtet, aber dennoch sind die Rheinischen Kaltblüter heute vom Aussterben bedroht.

Ich bin ein Arbeitspferd!

Beeindruckend
Sie sind kräftig und eher gemütlich. Aber wenn sie galoppieren, sind sie sehr imposant.

Braunschimmel

Sonderfarbe
Das Rheinische Kaltblut ist ein eher buntes Kaltblut: Es gibt sie in mehreren Farben. Auffällig sind die Braun-, Fuchs- und Rappschimmel.

Starke Helfer

Arbeitspferde
Früher trugen die Arbeitspferde solche Kumtgeschirre. Mit denen können sie besonders gut ziehen und auch größere Lasten bewegen.

Steckbrief

Rheinisches Kaltblut, Rheinisch-Deutsches Kaltblut

Herkunft: Deutschland

Größe: bis 170 Zentimeter

Farben: Braune, Füchse, Rappen und Braun-, Fuchs- und Rappschimmel

Rocky Mountain Horse

Steckbrief

**Rocky Mountain Horse,
Rocky Mountain Pony,
Rocky Mountain Saddlehorse**

Herkunft: Nordamerika

Größe: ca. 147–162 Zentimeter

Farben: oft Braune

Das Rocky Mountain Horse ist ein Gangpferd, das in den USA aus der Zucht mit einem Hengst namens Old Tobe entstanden ist. Old Tobe war bekannt für seine Töltveranlagung, die nun auch typisch für die Rocky Mountain Horses ist. Mit dem Kentucky Mountain Saddle Horse, dem Mountain Pleasure Horse und dem Rocky Mountain Horse unterscheidet man unterschiedliche Zuchtrichtungen. Wichtig für alle waren aber immer die Söhne des Gründerhengstes Old Tobe: Kilburn's Chocolate Sundown, der über 600 Nachkommen hatte, Sewell's Sam, der besonders schön war und die typische helle Mähne hatte, Maple's Squirrel, der ein hervorragender Tölter war, Sam Clemon's Tim, der einen sehr angenehmen Charakter hatte, und Yankee, der extrem groß war.

Familie

Diese Stute und ihr Fohlen haben die typische Braunfärbung wie Schokolade – so wie die meisten Rocky Mountain Saddlehorses.

Unglaublich!

Die Rocky Mountain Horses stammen gar nicht aus dem gleichnamigen Gebirge, wie man denken könnte, sondern aus den Appalachen! Die Appalachen sind ein Gebirge in Nordamerika. Dort gibt es viele Wälder.

Heimat

Die Rocky Mountain Horses leben in der hügeligen Landschaft der Appalachen.

Alleskönner

In den USA ist die Rasse sehr beliebt, während die Pferde bei uns noch wenig bekannt sind. Doch ihr bequemer Tölt macht die Gangpferde immer beliebter. Bei den Rocky Mountain Horses wird der Tölt übrigens Singlefoot oder Rack genannt. Der Gang wird nicht antrainiert, sondern ist angeboren. Die Geschwindigkeit der Pferde ist dabei übrigens unterschiedlich. Ob ein Rocky Mountain Horse zur Zucht geeignet ist, wird in Deutschland mehrmals überprüft, um zu garantieren, dass es wirklich gut genug ist. Die erwachsenen Pferde sind eigentlich für alles geeignet: Schon in den USA wurden Rockys geritten, für die Feldarbeit genutzt, vor den Wagen gespannt und vieles mehr. Also ein Pferd für alle Fälle!

Helle Mähne

Bequem

Rocky Mountain Horses haben den bequemen Sondergang: Sie tölten.

Am liebsten dunkel

Ein Rocky Mountain Horse darf nicht zu viel Weiß haben. Das Zuchtziel ist eine dunkle Fellfarbe. Daher sind die meisten Rockys auch braun.

Idealer Partner

Auch wenn es von ihnen unterschiedliche Typen gibt, sind Rocky Mountain Horses immer ideale Freizeitpartner und für jeden geeignet. Heute gelten die Nachkommen des Hengstes Old Tobe als besonders typisch; daher werden eben diese oft als Freizeitpferde gezüchtet. Sie sind angenehm zu reiten und haben besonders gute Gänge.

Gangpferd

Der Tölt der Rocky Mountain Horses, der Singlefoot, ist zwar nicht so spektakulär wie der Tölt der Isländer, aber sehr bequem zu sitzen.

Schleswiger

Feldarbeit
Zwei Schleswiger vor einem landwirtschaftlichen Gerät – die können einiges bewegen! Die beiden haben zusammen viel Kraft; sie müssen aber auch gut ausgebildet sein.

Fast hätte es sie nicht mehr gegeben, die hübschen, kräftigen Pferde mit den hellen Mähnen: Im letzten Jahrhundert waren Schleswiger schon fast ausgestorben. Dabei waren sie eine Zeit lang in Schleswig-Holstein, wo sie gegen Ende des 19. Jahrhunderts gezüchtet wurden, weitverbreitet. Doch nach dem Siegeszug der Traktoren waren die freundlichen, fleißigen, mittelgroßen Kaltblutpferde überflüssig und wurden immer weniger. Heute bemüht man sich um den Erhalt der Rasse; schließlich sind Schleswiger sehr angenehme und talentierte Zugpferde. Leider sind sie immer noch sehr selten und weiterhin vom Aussterben bedroht. Deshalb stehen sie auch auf der Roten Liste der gefährdeten einheimischen Nutztierrassen in Deutschland.

Die Pferde sind nicht besonders groß und mittelschwer.

Als ob ein Traktor besser wäre als wir!

Steckbrief

Schleswiger, Schleswiger Kaltblut

- -

Herkunft: Deutschland

Größe: 145–162 Zentimeter

Farben: oft Füchse mit hellem Langhaar

Ganz selten
Es gibt nur noch wenige der schönen Schleswiger Kaltblüter. Unglaublich, aber sie sind vom Aussterben bedroht!

S wie ...

Schwarzwälder Fuchs

Schwarzwälder zählen sicher zu den hübschesten Kaltblütern. Zwar nur etwa 500 Kilogramm schwer, mittelgroß, aber mit den hellen Mähnen und dem dunklen Fell einfach wunderschön! Schwarzwälder Füchse stammen aus dem Schwarzwald, der sehr hügelig und dicht bewaldet ist. Dort wurden die kompakten Pferde für die Waldarbeit eingesetzt. Wie viele andere Kaltblüter wurden auch sie nicht mehr benötigt, als die Wälder und Felder nicht mehr mit Pferden bewirtschaftet wurden. Weil die Schwarzwälder Füchse aber so hübsch sind, sind sie inzwischen bei den Touristen im Schwarzwald sehr beliebt. Gezüchtet werden sie unter anderem auch auf dem Haupt- und Landgestüt Marbach auf der Schwäbischen Alb.

Süddeutsche Füchse

Die kräftigen Schwarzwälder wachsen robust auf. Der viele Schnee im Schwarzwald oder auf der Schwäbischen Alb macht ihnen nichts aus.

Echte Marbacher

Auf dem Haupt- und Landgestüt in Marbach, dem staatlichen Gestüt in Baden-Württemberg, werden die seltenen Schwarzwälder Füchse noch gezüchtet und präsentiert.

Steckbrief

Schwarzwälder Fuchs, Schwarzwälder Kaltblut, Schwarzwälder

Herkunft: Deutschland

Größe: 145–153 Zentimeter

Farben: dunkle Füchse mit hellem Langhaar

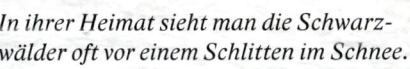
Schlitten

In ihrer Heimat sieht man die Schwarzwälder oft vor einem Schlitten im Schnee.

Selle Français

Das Selle Français ist ein sportlicher Warmblüter, der tatsächlich von den Normänner-Kaltblütern abstammt. Der Normänner wurde mithilfe von Vollblütern und Trabern leichter und edler gezüchtet. So entstanden vier verschiedene Typen des Selle Français: Cob, Traber, Karossier und Delle. Heute existieren nur noch die Traber und die Selle Français als Reitpferde. Diese haben immer noch einen hohen Anteil an Vollblutpferden, was sich oft positiv auf ihr Springtalent auswirkt. Es gibt aber auch Selle Français mit außerordentlichem Dressurtalent, wie man an der traditionellen Cadre Noir in Saumur sehen kann. Die Cadre Noir entstand als Ausbildungsstätte des französischen Militärs und dient heute dem Erhalt der Reitkunst.

Voller Energie
Durch den hohen Vollblutanteil haben die Selle Français viel Temperament.

Zucht
Es gibt nur noch zwei Zuchtrichtungen der Selle Français: Traber und Reitpferde.

Springkunst
Das ist die klassische Hohe Schule: Das Pferd springt hier eine Capriole! Dabei springt es mit allen vier Beinen gleichzeitig in die Luft und schlägt mit beiden Hinterbeinen aus.

Militär
Die Reiter der Cadre Noir gehören dem Militär an. Die Cadre Noir wurde 1814 als Reitschule des Militärs gegründet.

➡ Schon gewusst?
An der Cadre-Noir-Reitschule wird Dressur nicht so geritten, wie man das heute oft auf den Turnieren sieht. Hier wird eher Wert auf die alten Meister und die Tradition gelegt.

Steckbrief

Selle Français, Cheval de Selle Français

- - - - - - - - - - - - - - - - - - -

Herkunft: Frankreich

Größe: 155–175 Zentimeter

Farben: oft Füchse und Braune

S wie ...

Shagya-Araber

Ungarisch

Die ungarische Fünfspänner-Jucker-Anspannung ist etwas ganz Besonderes: Hier sind zwei Pferde direkt vor den Wagen gespannt, sie laufen also hinten, und nochmals drei vor ihnen als sogenannte Vorderpferde.

Traditionell

In Ungarn werden Shagya-Araber oft als Fahrpferde eingesetzt. Die traditionelle Anspannung ist ungewöhnlich schön!

Shagya-Araber wurden auf dem ungarischen Gestüt Bábolna gezüchtet, um etwas größere kräftige Pferde als die Vollblutaraber zu erhalten. Dafür kreuzte man Vollblutaraber mit Lipizzanern, Kladrubern und einheimischen Pferden. Bis heute kann man die Abstammung der Pferde weit zurückverfolgen. Die Namen der Stammstuten beziehen sich auf die Herkunft, die Cserkess stammt vom Tscherkessen, die Erdelyi von der Siebenbürger Rasse, die Moldavi von der Moldauer Rasse, die Magyar von der ungarischen Rasse und die Radautzi von der Radautzer Rasse. Zunächst nannte man diese Pferde noch Araberrasse, 1978 wurden sie dann in Shagya-Araber umbenannt. Noch heute sind sie seltener als Vollblutaraber, aber umso begehrter, da sie als sehr rittig und talentiert für Dressur, Springen und Fahren gelten.

Anmutig

Shagya-Araber sind sehr edel und elegant. Ihre Schönheit ist ebenso faszinierend wie die der Vollblutaraber, aus denen sie gezüchtet wurden.

Die Rasse wird traditionell noch auf Bábolna gezüchtet und dort auch auf Vorführungen präsentiert.

Steckbrief

Shagya-Araber

- -

Herkunft: Ungarn

Größe: 150–160 Zentimeter

Farben: oft Schimmel

Shetland-Pony

Shetland-Ponys sind toll für kleine Reiter! Aber so manches der intelligenten Shettys überlistet seinen kleinen Reiter gerne mal.

In ihrer Heimat, den Shetlandinseln, nannte man Shettys auch Shelties – so wie die kleinen Hunde. Auf den Pfaden der Inseln wurde Shettys als Transportmittel eingesetzt – Straßen gibt es dort nämlich noch nicht so lange und die trittsicheren Ponys fanden sich auf den engen Wegen gut zurecht. Lange gibt es hingegen die Shettys selbst: Es gilt als sicher, dass es sie schon zu Zeiten der Wikinger auf der Insel gab. Ihre geringe Größe ist das Ergebnis des schwierigen Lebens auf den Shetlandinseln. So entstanden sehr robuste Ponys, die wenig Futter brauchen und mutig und kräftig sind. Auch als Fahrpferde sind sie ideal und sie eignen sich perfekt als Kinderponys, wenn sie gut erzogen werden.

Spielen!?

▶ Schon gewusst?

Shetland-Ponys gelten als Spätentwickler. Das heißt, sie sind erst mit etwa acht Jahren ausgewachsen. Dafür leben sie auch sehr lange: Es gibt immer wieder Shettys, die über 40 Jahre alt werden.

Steckbrief

Shetland-Pony, Shetty, Sheltie

Herkunft: Shetlandinseln, Schottland

Größe: bis 107 Zentimeter

Farben: alle Farben, keine Tiger

Es ist wichtig, dass sie ständig beschäftigt werden; so bleiben die intelligenten Shetland-Ponys immer in Bewegung und nehmen nicht zu. Anders als in der rauen und kargen Landschaft der Inseln wächst auf grünen Weiden in der Regel viel zu viel Gras für sie – wenn sie dort den ganzen Tag fressen, werden sie krank. Diese Krankheit nennt sich Hufrehe und ist lebensgefährlich. Reiten, fahren – man kann mit einem Shetty alles machen, um es auf Trab zu halten. Hauptsache, es bleibt sportlich! Und wenn es im Sommer auf die Weide darf, dann sollte die Weidezeit begrenzt werden. Andernfalls kann man dem Shetty auch einen Maulkorb anziehen. Der wirkt wie ein Fressgitter und sorgt dafür, dass es nicht zu viel Gras fressen kann.

Kräftige Kerlchen

Shetland-Ponys sind für ihre Größe sehr kräftig und tolle Fahrpferde. Sie können viel Gewicht ziehen und sind dabei sehr fleißig. Außerdem können Ponys, deren Reiter zu groß für sie geworden sind, weiterhin gefahren werden. Natürlich brauchen sie dafür eine richtige Ausbildung als Fahrpferde!

Klein, aber oho!

Unglaublich!

Shettys sind sehr durchsetzungsfähig. Es kommt durchaus vor, dass sie ein großes Pferd in die Flucht schlagen. Sie brauchen Gesellschaft von Ponys in ihrer Größe, können aber auch gut mit größeren Pferden auskommen.

Diese Stute ist tragend und bekommt bestimmt bald ihr süßes Shetty-Fohlen!

169

Shire Horse

Shire Horse

Herkunft: England

Größe: 170–195 Zentimeter

Farben: Braune, Rappen, Schimmel

Groß, größer, Shire! Sie sind die Größten unter den Pferden und sicher die Imposantesten und Auffälligsten. Mit ihrem hoch aufgesetzten Hals und ihrem langen Kopf sehen die riesigen Shire Horses noch größer aus! Auch ihre Bewegungen sind beeindruckend: Die Aktion der Vorderbeine ist hoch; sie heben die Beine also ungewöhnlich weit nach oben. Zudem sind ihre Beine oft weiß mit langem Fell daran, dem Fesselbehang. Die weiße Bein-färbung fällt natürlich bei Braunen und Rappen besonders auf. Weil sie so toll aussehen, gibt es noch zahlreiche englische Brauereien, die Shire Horses zu Werbezwecken vor ihre Kutschen spannen. Ohne sie wären die größten Pferde der Welt wahrscheinlich ausgestorben.

Shire Horses werden über 1,90 Meter groß und können mehr als eine Tonne, also 1 000 Kilogramm wiegen!

Gewichtig

So eine Trommel ist unglaublich schwer! Das kann wirklich nur ein Shire Horse tragen!

Fesselbehang

Unglaublich!

Eines der größten Pferde der Welt ist Noddy, ein Shire Horse aus Australien. Es ist 1,5 Tonnen schwer und ganze 2,05 Meter groß.

Sorraia

Unter dem Reiter sind Sorraias sehr ausdauernd!

➜ Schon gewusst?

Sorraias haben zweifarbige Mähnen und Schweife, so wie Fjordpferde. Auch die typischen Zebrastreifen der Wildpferde sind bei ihnen meistens vorhanden.

Sorraias sind klein und unauffällig. Ihre graue oder falbenähnliche Farbe ist etwas unscheinbar, während ihre Köpfe sehr groß wirken. Doch diese kleinen Pferdchen sind nicht zu unterschätzen: Die portugiesischen Hirten legen auf ihnen weite Strecken zurück und die Leistungsfähigkeit der Sorraias ist enorm. Auch ihre Bewegungen sind sehr gut; ihr Galopp wird oft gelobt. Manche können sogar tölten. Die Sorraias sind eine kleine Besonderheit: Sie sind nämlich höchstwahrscheinlich eine iberische Form des ausgestorbenen Tarpans. Sie selbst wurden erst 1920 entdeckt. Namensgeber für diese Rasse waren die beiden portugiesischen Flüsse Sor und Raja, an deren Ufer sie gefunden wurden. Seit damals versucht man, das Aussterben der Sorraias zu verhindern. Einige von ihnen leben inzwischen als normale Hauspferde, andere in kleinen Reservaten.

Wild

Sorraias sind sehr ursprünglich und sind es gewohnt, ihr Leben in der Herde zu verbringen.

Inzwischen weiß man, dass beinahe alle sehr ursprünglichen Pferderassen falbenfarben sind.

Steckbrief

Sorraia

- - - - - - - - - - - - - - - - - -

Herkunft: Portugal

Größe: 140–150 Zentimeter

Farben: Falben

Standardbred

Das American Standardbred ist eines der leistungsfähigsten Pferde der Welt. Die Pferde, die für Trab- und Passrennen gezüchtet werden, erreichen enorme Geschwindigkeiten und gelten als ungemein zäh und ausdauernd. Die Amerikanischen Traber sind nicht sehr einheitlich, weil sie hauptsächlich auf Leistung und nicht auf das Aussehen gezüchtet werden. Und doch sehen sie sich oft ähnlich: Sie sind mittelgroß, haben starke Schultern, eine kräftige Hinterhand und sind oft braun. Anders als bei uns werden in Amerika nicht nur Trabrennen durchgeführt, sondern auch Rennen im Pass. Im Pass werden die äußeren Beine gleichzeitig gesetzt und die Pferde erreichen dabei ein sehr hohes Tempo. Pferde, die Pass gehen, gelten als Gangpferde und können meist auch tölten.

Was für ein Trab! Standardbreds können unglaublich schnell traben. Dafür werden sie sogar extra gezüchtet. Im Rennen dürfen sie nicht galoppieren.

Steckbrief

Standardbred, American Standardbred, Amerikanischer Traber

Herkunft: Nordamerika

Größe: 150–165 Zentimeter

Farben: oft Braune, Füchse und Rappen

In Rente

Alte Traber haben einen schlechten Ruf als Reitpferde, aber sie können ganz tolle Freizeitpferde werden, die sogar tölten!

➡ ## Schon gewusst?

Die meisten Deutschen Traber haben Amerikanische Traber im Stammbaum. Deshalb können viele von ihnen auch tölten.

Süddeutsches Kaltblut

Ein Süddeutsches Kaltblut wiegt etwa 800 Kilogramm.

Steckbrief

Süddeutsches Kaltblut

Herkunft: Deutschland

Größe: 158–165 Zentimeter

Farben: oft Braune und Füchse

Es war einmal

Früher hatte man keine Traktoren oder Maschinen, die einem bei der Arbeit halfen. Es gab auch keine Presse für das Heu. Die ganze Arbeit wurde mithilfe von Kaltblütern bewältigt!

Das Süddeutsche Kaltblut ist eng mit dem Noriker verwandt und stammt ebenso wie dieser aus den Alpenregionen. Das Süddeutsche Kaltblut ist etwas schlanker und ein wenig größer als viele Noriker, aber die Gemeinsamkeiten sind doch deutlich. Es gibt sogar Tiger bei den Süddeutschen, obwohl Braune und Füchse mit hellem Langhaar häufiger sind. Das Süddeutsche Kaltblut wird heute nicht mehr zum Arbeiten eingesetzt, sondern ist eher Fahrpferd oder Freizeitpferd. Dabei gilt es als ausgeglichen und umgänglich. Das Süddeutsche Kaltblut ist elegant, korrekt gebaut mit einem langen Hals, einem mittelgroßen Kopf und wiegt etwa 800 Kilogramm. In der Fütterung sind diese Pferde eher unkompliziert.

Selten

Bei den Süddeutschen Kaltblütern gibt es nicht nur Braune und Füchse, sondern auch die seltene Tigerscheckung.

→ **Schon gewusst?**

Süddeutsche Kaltblüter sind mit dem Noriker verwandt. Das erkennt man gut an ihrer Tigerscheckung.

Tennessee Walker

Die Tennessee Walker sind in den USA sehr beliebt und auch in Deutschland werden sie inzwischen gezüchtet.

Der Tennessee Walker ist ein Gangpferd, das überwiegend aus den Rassen Vollblut, Standardbred, Morgan und American Saddlebred entstanden ist. Für die Tennessee Walker wurden gezielt Gangpferde mit besonderer Gangveranlagung gekreuzt. Daraus entstand der Walk; das ist englisch und bedeutet »Gang«. Der typische Flat Walk ist ein Viertakt, bei dem die Hufe nacheinander aufgesetzt werden: vorne links, hinten rechts, vorne rechts, hinten links. Deutlich schneller ist der Running Walk, bei dem die Hufe ebenso nacheinander gesetzt werden. Die Geschwindigkeit des Flat Walk entspricht in etwa der eines gemütlichen Trabs. Der Galopp der Tennessee Walker wird Canter genannt und soll wie bei den Nicht-Gangpferden im Dreitakt gesprungen werden.

Dieses Pferd trägt ein scharfes Gebiss im Maul. Pferdefreundlich ist das nicht! Ein gut gerittenes Pferd benötigt so etwas nicht.

Im Galopp

Selbstverständlich können Tennessee Walker auch galoppieren – auch wenn viele Reiter denken, dass Gangpferde das nicht so gut können. Der Galopp der Walker ist ebenso schön wie der von dreigängigen Pferden.

Steckbrief

Tennessee Walker

Herkunft: Nordamerika

Größe: 140–170 Zentimeter

Farben: oft Rappen, Braune und Schimmel

Die Shows, auf denen die Gänge der Tennessee Walker gezeigt werden, sind inzwischen in Verruf geraten, da die Pferde oft mit umstrittenen Methoden dazu gebracht werden, die Hufe unnatürlich weit zu heben.

Tersker

Viele Tersker sind Schimmel und sehen aus wie Vollblutaraber.

Los! Wir laufen um die Wette.

Braune Tersker haben oft einen tollen Glanz im Fell. Dieser entsteht durch die spezielle Haarstruktur, die das Licht bricht.

Unglaublich!

Nur vereinzelt werden Tersker außerhalb Russlands gezüchtet. Sie sind eine Seltenheit und werden von wenigen Liebhabern dieser Rasse gehalten.

Steckbrief

Tersker

Herkunft: Russland

Größe: 152–170 Zentimeter

Farben: oft Schimmel

D er Tersker verbindet die Eleganz des Arabers mit der Härte der russischen Pferderassen. Auf den ersten Blick sehen viele Tersker aus wie Araber, aber sie sind oft etwas größer und kräftiger. Zudem haben Tersker, die ausnahmsweise keine Schimmel sind, oft einen metallischen Glanz im Fell. Die Leistungsbereitschaft der Tersker ist enorm und auch erklärtes Zuchtziel. In Russland wird sie bereits bei den jungen Pferden bei Pferderennen geprüft. Eine echte Spezialität der Tersker ist aber sicher ihr Talent für lange Strecken. Das hat auch eine Terskerstute in Deutschland bewiesen: Czyppa ist in mehr als 250 Wettbewerben auf Distanzritten 9 545 Kilometer gelaufen und über 30 Jahre alt geworden.

Bei der traditionellen russischen Anspannung, der Troika, werden vorne häufig Orlow-Traber eingespannt. Die Gabelpferde sind oft Tersker.

175

Tinker

Augenfarbe

Wie alle Pferde mit Scheckfarbe haben auch Tinker manchmal blaue Augen. Die meisten Pferdeaugen sind aber dunkelbraun. Füchse und Falben haben manchmal etwas hellere Augen, meist mittelbraun. Die Augenfarbe des Pferdes hängt von den Pigmenten ab. Bei wenigen Pigmenten erscheint das Auge blau und wird auch als Fischauge bezeichnet. Bei den meisten Pferden ist es um die Augen herum dunkel. Hat ein Pferd eine helle Nickhaut innen, dann sieht das aus wie bei uns Menschen und wird Menschenauge genannt. Die Nickhaut ist das sogenannte dritte Augenlid, eine Bindehautfalte im Augenwinkel.

Ganz schön breit

Tinker sind keine schlanken Pferde, sondern meist etwas breiter und stark genug, notfalls auch alleine einen ganzen Wagen ziehen zu können.

Bart

Steckbrief

Tinker, Irish Tinker, Gypsy Cob

Herkunft: Irland, Nordengland

Größe: 135–150 Zentimeter

Farben: oft Schecken

Fesselbehang

Irland

Viele Tinker stammen aus Irland. Auf der Grünen Insel, wie Irland auch genannt wird, gibt es viele Weideflächen und geschätzt ebenso viele Pferde.

Der Tinker ist das traditionelle Pferd des fahrendes Volkes in England und Irland. Diese Leute werden auch Kesselflicker, im Englischen Tinker, genannt. So entstand schließlich der Name für ihre Ponys. Die Landfahrer brauchten kräftige Pferde, um ihre Wagen zu ziehen, und da sie nicht so viel Geld hatten, suchten sie zudem nach günstigen Pferden. Da bei vielen Rassen Schecken nicht eingetragen werden, bekamen die Landfahrer diese billiger und begannen, bewusst ausschließlich Schecken zu züchten.

Viele Unterschiede

Ein Vorteil ist, dass jeder Schecke einzigartig ist. Kein Muster ist wie das andere und die Pferde sind unverwechselbar. Es gibt kein Zuchtbuch für Tinker, sodass es leichtere und schwerere, größere und kleinere Tinker gibt. Aber die meist gescheckte Farbe, das sehr üppige Langhaar und die ausgeprägten Puscheln, den Behang, haben alle Tinker. Sie sind meist gutmütig und freundlich, nicht besonders schnell aus der Ruhe zu bringen und eignen sich hervorragend zum Ziehen von Kutschen. Ihr Schritt und ihr Trab sind ausdauernd, der Galopp ist allerdings manchmal etwas schwerfällig. Die freundliche Art der Tinker hat sie inzwischen auch zu beliebten Freizeitpferden gemacht, die mittlerweile auch nach Deutschland importiert werden. In Irland werden Tinker in drei verschiedenen Größen gezüchtet: als Pony (bis 148 Zentimeter), als Kleinpferd (148 bis 160 Zentimeter) und als Pferd (ab 160 Zentimeter). In Deutschland sollen Tinker zwischen 135 und 160 Zentimeter groß sein.

Tinker sind eigentlich Fahrpferde und haben einen ausdauernden Schritt.

Sie sind aber auch tolle Freizeitpferde und für jeden Spaß zu haben! In der Regel sind sie jedoch etwas gemütlicher.

➜ Schon gewusst?

Man sagt, dass Tinker »Ein-Mann-Pferde« sind, die sich eng an einen einzigen Menschen binden. Das ist echte Freundschaft zwischen Pferd und Mensch!

Trakehner

Trakehner gehören zu den sportlichen Warmblütern und sind etwas Besonderes. Ihre Flucht während des Zweiten Weltkriegs von Ostpreußen nach Westen ist legendär. Etwa 800 Stuten und 40 Hengste wurden damals evakuiert. In Ostpreußen war die Rasse entstanden, indem man die ursprüngliche Landrasse, die Schweiken genannt wurde, mit Arabischen und Englischen Vollblütern veredelte. Durch den hohen Anteil an Vollblütern sind Trakehner sehr edel und temperamentvoll. Manchmal gelten sie als schwierig, doch sie sind absolut leistungsbereit und auch im Sport sehr erfolgreich. Das Hauptgestüt Trakehnen wurde im Jahre 1732 gegründet, sodass die Trakehner die älteste deutsche Reitpferderasse sind.

Dressur

Trakehner haben Talent für das Dressurreiten und sind dabei auch sehr erfolgreich.

Hübsch

Viele Trakehner haben sehr feine Gesichter. Das liegt an dem hohen Vollblutanteil in ihrer Rasse. Wie bei allen hoch im Blut stehenden Pferden sind die Adern unter der Haut gut erkennbar.

➡ Schon gewusst?

Die Trakehnerzucht ist eine sogenannte Reinzucht. Das heißt, Pferde fremder Rassen sind nicht zugelassen. Eine Ausnahme bilden das Englische sowie das Arabische Vollblut, der Anglo-Araber und der Shagya-Araber.

Hoch hinaus

Trakehner können meist gut springen und sind mutig genug für die Vielseitigkeit.

Steckbrief

Trakehner

Herkunft: Deutschland

Größe: 160–170 Zentimeter

Farben: alle Farben

T wie ...

Tres Sangres

Hirtenpferde
*Die Tres Sangres sind ideal für
die Arbeit mit den Rindern, da
sie schnell und wendig sind.*

→ Schon gewusst?

*Tres Sangres ist spanisch
und bedeutet »dreifaches
Blut«, womit die Kreuzung
aus drei unterschiedlichen
Rassen gemeint ist.*

Steckbrief

**Tres Sangres, Hispano
Anglo-Araber, Cruzado**

Herkunft: Spanien

Größe: 150–160 Zentimeter

Farben: alle Farben

Der Tres Sangres gehört genau genommen keiner richtigen Rasse an, da er eine Kreuzung aus drei Rassen ist: PREs, Englische Vollblüter und Araber vereinen sich in ihm. Die Spanier nennen diese Pferde oft auch Cruzado, was soviel heißt wie Kreuzung. Nachdem die Pferde, die bei den ersten Kreuzungen aus PRE und Vollblut entstanden sind, oft zu ängstlich waren, begann man, sie auch mit Arabern zu kreuzen. Die daraus entstandenen Pferde sind sehr beliebt und vor allem hervorragend für den Stierkampf geeignet. Sie sind umgänglich, wendig wie ein Araber, schön wie ein Andalusier und schnell wie ein Vollblüter.

Weit verbreitet
*Die Cruzados sieht man in Spanien
oft. Sie sind sicher die häufigste
Rasse auf dem Land und zeigen
Schönheit und Temperament.*

Tschechisches Warmblut

Die Mama ist ein Schimmel. Ob das Fohlen so dunkel bleibt oder später doch noch heller wird? Nicht bei jedem Fohlen kann man gleich erkennen, welche Farbe es später einmal haben wird. Gerade die ganz Kleinen verändern sich oft noch.

Das Tschechische Warmblut unterscheidet sich nicht von den anderen Warmblutrassen, die im Westen als Sportpferde gezüchtet werden. Es eignet sich für Dressur und Springen gleichermaßen. Gelegentlich ist es vom Typ her etwas kräftiger als manch schlanker Warmblüter mit hohem Vollblutanteil. Aber auch die ursprünglichen Tschechischen Warmblüter wurden mit Arabern, Spaniern und Vollblütern veredelt. Im letzten Jahrhundert wurde das Tschechische Warmblutpferd zudem stark von Hannoveranern beeinflusst, deren Hengste, allen voran ein Hengst namens Alarm, viele Nachkommen hatten. Tschechische Warmblüter sind heute auch bei Freizeitreitern außerhalb Tschechiens sehr beliebt.

Turnier

Die Tschechen sind genauso sportlich wie die deutschen Warmblutpferde. Man sieht sie auch auf Turnieren im Dressur- oder Springreiten.

Angeberwissen

▶ Auf dem großen staatlichen Gestüt Kladrub wurden früher auch Tschechische Warmblüter gezüchtet.

▶ Heute gibt es dort nur noch eine kleine Herde Warmblutpferde. Das Gestüt hat sich auf Kladruber spezialisiert.

Tschechische Zucht

Früher nannte man das Tschechische Warmblut auch Böhmisch-Mährisches Warmblut nach den Regionen, aus denen die Zucht stammt.

Steckbrief

Tschechisches Warmblut

- - - - - - - - - - - - - - - - - - - -

Herkunft: Tschechien

Größe: ca. 165 Zentimeter

Farben: oft Braune und Füchse

Tuigpaard

Steckbrief

Tuigpaard, Tuiger

Herkunft: Niederlande

Größe: ca. 160 Zentimeter

Farben: alle Farben, oft Füchse

Zwar ein eher großer Kopf, aber mit einem freundlichen Gesicht – ein aufmerksames Tuigpaard.

Der Tuiger ist eigentlich eine Zuchtrichtung des Gelderländers. Oder wie der große Pferdekenner Jasper Nissen einmal sagte: »Die Tuiger, die nicht traben können, sind Gelderländer.« Die Tuigpaards sind Fahrpferde und wurden darauf gezüchtet, einen ausgeprägten Trab zu zeigen: Dabei werden die Beine extrem weit gehoben. Wird das Pferd vorgeführt, dann soll es vorne sozusagen mit den Hufen steppen. Damit dies besonders deutlich wird, werden die Hufe sehr lang gelassen. Auch andere Methoden sind üblich, um den auffälligen Trab zu erreichen – leider sind diese nicht immer tierfreundlich.

Unglaublich!

Der Schritt und der Galopp des Tuigpaards sind eher ungleichmäßig und eignen sich nicht für normale Turnierprüfungen. Daher ist das Tuigpaard fast nur noch ein Showpferd.

Gangarten

(1) Der auffällige Trab wird meist vor der Kutsche präsentiert. **(2)** Dabei werden die Beine extrem weit nach oben gehoben.

Welsh Pony

Entstanden ist die Rasse der Welsh Ponys schon vor vielen Jahren, zu Zeiten der Kelten. Die Ponys sind sehr lebhaft, zeigen viel Springvermögen und besonders bei den Kleinen, den Welsh A, wirken manche Ponys eher wie kleine Araber – und auch ihr feuriges Temperament erinnert daran. Die hübschen kleinen Welsh A wurden schon seit jeher als Kinderponys gezüchtet. Bereits im 18. Jahrhundert begleiteten kleine Welsh Ponys die Adelskinder. Sie sind aber auch sehr gut als Fahrponys geeignet.

Welsh B und C

Das Welsh B wurde ebenfalls gezüchtet, um ein Reitpony für Kinder und Jugendliche zu erhalten. Bei ihnen wurden gezielt Araber miteingekreuzt. Als Anfängerpony eignen sie sich deshalb nicht immer. Das kräftigere Welsh Pony im Cob-Typ, das Welsh C, ist meist etwas gutmütiger und ein geeignetes Pack- und Fahrpferd.

Die Größten

Das Welsh Cob, das größte Welsh Pony, wird seit etwa 800 Jahren gezüchtet und eignet sich sowohl für Kinder als auch für Erwachsene. Im Fahrsport gibt es zahlreiche erfolgreiche Welsh D, deren Kraft und Temperament beeindruckend sind!

Modernes Reitpony

Welshs sind Reitponys mit tollen Gängen und viel Temperament für nicht allzu unerfahrene Reiter. Für Anfänger sind sie meist zu schwierig.

Schon gewusst?

Welsh Cobs sind mit den Hackneys verwandt, wie man oft am Trab sieht. Die Aktion ihrer Vorderbeine ist wirklich beeindruckend.

Unterschiedliche Typen

Welsh Ponys gibt es quasi für jeden Geschmack und in jeder Größe: Ob ein süßes Welsh A oder ein großes, stattliches Welsh D – für jeden Reiter oder Fahrer gibt es ein passendes Welsh! Die kleinsten Welsh Ponys sind die der Sektion A **(1)**, auch Welsh Mountain Ponys genannt, mit einer Größe bis zu 1,22 Meter. Das Welsh Pony Sektion B ist ein modernes Reitpony und darf bis zu 1,37 Meter groß sein **(2)**. Die Sektion C umfasst Welsh Ponys mit bis zu 1,37 Meter, die im Cob-Typ sind, und Welsh Cobs, die sogar größer als das Ponymaß von 1,48 Meter werden **(3)**.

Es gibt viele Schimmel unter den Welsh Ponys, die dann aussehen wie Mini-Araber.

Steckbrief

Welsh Pony

- -

Herkunft: England

Größe: je nach Sektion

Farben: alle Farben, oft Schimmel

Westfale

Angeberwissen

▶ Einer der berühmtesten Westfalen ist der Hengst Damon Hill NRW, der Mannschaftsweltmeister und zweimalige Vizeweltmeister in der Dressur.

▶ Auch das Wappen des Bundeslandes Nordrhein-Westfalen zeigt einen Westfalen.

In Warendorf bei Münster in Westfalen wurde 1826 ein Landgestüt gegründet. Dort ist noch heute der Sitz der Deutschen Reiterlichen Vereinigung (FN). Damals wurden in Warendorf Warm- und Kaltblüter gezüchtet. Allerdings waren zunächst die Kaltblüter als Arbeitspferde in der Überzahl. Erst später begann eine systematische Zucht von Warmblutpferden, die durch die Hannoveraner beeinflusst wurde. So entstand ein Sportpferd, dessen Erfolge denen der Hannoveraner gleichkommen. Generell sind die Westfalen den Hannoveranern sehr ähnlich, aber manchmal etwas größer und kräftiger. Beide sind sportliche Pferde mit langem Rücken, schwungvollen Bewegungen und hübschen Köpfen an schlanken, langen Hälsen.

Springreiten
Westfalen sieht man in der Dressur ebenso wie im Springen. Auch Freizeitreiter haben viel Freude an den kräftigen Warmblutpferden.

Schwungvoll
Westfalen sind absolut sportlich und können ausdauernd galoppieren.

Steckbrief

Westfale

- -

Herkunft: Deutschland

Größe: 165–172 Zentimeter

Farben: alle Farben

Die Jungpferde wachsen zunächst noch gemeinsam auf. Später leben die Sportpferde oft in Boxen.

Wielkopolski

Wielkopolskis sind ausdauernd und eignen sich sogar für die Vielseitigkeit. Die mit den Trakehnern verwandten Pferde haben einen hohen Vollblutanteil. Es gibt aber auch eine schwerere Zucht-richtung, die vom Posener abstammt.

Wielkopolskis sind polnische Warmblüter. Sie haben oft hübsche Gesichter sowie kräftige Rücken und Gelenke. Als Fahrpferde haben sie einen hervorragenden Ruf, denn sie gelten als sehr zuverlässig und fleißig. Sie stammen von den wenigen Trakehnern ab, die nach deren Flucht in den Westen in Polen zurückgeblieben waren und Masuren genannt wurden. Diese Masuren kreuzte man mit Posenern, einer einheimischen Rasse, die ebenfalls mit den Trakehnern verwandt ist. Das Wielkopolski wird auch oft als polnischer Anglo-Araber angesehen. Durch den hohen Vollblutanteil sind sie ideale Vielseitigkeitspferde.

Steckbrief

Wielkopolski

- -

Herkunft: Polen
Größe: ca. 162 Zentimeter
Farben: alle Farben

Bunt gemischt

Die polnischen Warmblüter gibt es in allen Farben. Dieser Schimmel hat viele kleine Punkte und wird Fliegenschimmel genannt. Je älter ein Pferd wird, desto mehr Punkte bekommt es.

➡ Schon gewusst?

Wielkopolski-Pferde wurden nach der polnischen Region Województwo benannt, aus der sie stammen.

Es gibt in Polen dreizehn Staatsgestüte, auf denen Warmblutpferde gezüchtet werden.

185

Württemberger

Das Haupt- und Landgestüt Marbach auf der Schwäbischen Alb wurde bereits im 16. Jahrhundert gegründet. Dort züchtete man ein robustes Arbeitspferd, den Alt-Württemberger. Dieser war hervorragend für die bergige Gegend geeignet und ein ideales Fahrpferd. Der Alt-Württemberger ist heute fast ausgestorben. Es gibt nur noch wenige der meist braunen, kräftigen Pferde. Sein Nachfahre, der moderne Württemberger, ist größer, aber auch leichter. Holsteiner-Hengste verhalfen dem Württemberger zu mehr Springvermögen und bis heute werden noch Araber und Vollbluthengste auf dem Marbacher Traditionsgestüt zur Veredelung der Warmblutpferde eingesetzt. Die sportlichen Württemberger lassen sich sowohl optisch als auch von ihrer Leistung her nicht mehr von den anderen Warmblutpferden unterscheiden.

Der Württemberger ist ebenso sportlich wie ein Hannoveraner oder Westfale. Er ist auf den ganz großen Turnieren zu Hause.

Angeberwissen

▶ Ungewöhnlich für ein Landgestüt: Auf dem Haupt- und Landgestüt Marbach ist eine Araberzucht mit hervorragendem Ruf und einer langen Zuchttradition zu Hause.

▶ Außerdem werden dort noch Schwarzwälder Füchse gezüchtet.

Steckbrief

Württemberger

Herkunft: Deutschland

Größe: 160–167 Zentimeter

Farben: Braune, Rappen und Füchse

Einheitlich
Den modernen Württemberger kann man nicht von anderen Warmblutpferden unterscheiden.

Zweibrücker

Landgestüt

➡ **Schon gewusst?**

Auf dem Landgestüt Zweibrücken finden inzwischen tolle Shows rund um die faszinierende Welt der Pferde mit internationalen Showstars und echten Traumpferden statt.

Zweibrücker sind eine traditionelle Warmblutrasse mit einem großen Anteil an Arabischen und Englischen Vollblütern. Zweibrücker haben auch die Trakehner-Pferdezucht beeinflusst. Sie hatten schon immer einen sehr guten Ruf. Selbst Napoleon soll die Pferde geschätzt haben. Das Landgestüt Zweibrücken wurde 1755 gegründet. Während des Ansturms der französischen Truppen musste das Gestüt mit seinen Pferden erstmals 1793 evakuiert werden. Napoleon selbst half damals bei der Wiedererrichtung des Gestüts. Während der beiden Weltkriege musste das historische Gestüt sogar nach Bayern verlegt werden. 1945 wurde es endgültig zerstört. Seit dem Wiederaufbau des Gestüts ist es zwar etwas kleiner als früher, aber immer noch stehen dort Deckhengste der Rasse Zweibrücker sowie ein paar andere Warmblutsporthengste.

Dieser Zweibrücker trägt eine Trense mit einem englisch kombinierten Reithalfter.

Steckbrief

Zweibrücker

- -

Herkunft: Deutschland

Größe: 160–168 Zentimeter

Farben: alle Farben

Glossar

Aalstrich: Dunkle Linie, die auf dem Rücken des Pferdes verläuft; Merkmal ursprünglicher Rassen.

Abteilung: Gruppe, die in der Reitbahn hintereinander herreitet.

Abzeichen: Weiße Haare am Kopf wie Blesse oder an den Beinen.

Ankaufsuntersuchung: Tierärztliche Untersuchung vor dem Kauf eines Pferdes, in der die Gesundheit und meist auch Reittauglichkeit des Pferdes geprüft werden.

Arbeitspferd: Pferd in der Landwirtschaft.

Auftrensen: Trense am Kopf des Pferdes befestigen.

Ausbindezügel: Hilfszügel, der das Pferd daran hindern soll, den Kopf zu hoch zu heben und den Rücken wegzudrücken.

Ballen: Weicher Teil hinten am Huf, empfindlich gegen Tritte.

Ballensilage: Grassilage, die in Ballen gepresst und mit Kunststofffolie umwickelt wird. Silage ist feuchter als Heu und entsteht durch Milchsäuregärung.

Barockpferd: Pferd, das den alten Pferdebildern ähnlich sieht und oft klassisch geritten wird, zum Beispiel Lusitanos, PREs oder Knabstrupper.

Basispass: Abzeichen im Pferdesport, das nachweist, dass grundlegende Kenntnisse im Umgang mit Pferden vorhanden sind.

Birth-Control-System: Alarmsystem, das der Stute umgeschnallt wird und den Beginn der Fohlengeburt meldet.

Blesse: Größere Fläche weißer Haare am Pferdekopf.

Box: Stall, den ein Pferd alleine bewohnt.

Cavalletti: Kleiner Sprung, oft mit Holzkreuz an der Seite. Kann in unterschiedlicher Höhe aufgestellt werden.

Chaps: Lederne Überziehhosen zum Schutz der Beine beziehungsweise Hosen des Reiters.

Cowsense: Instinkt des Pferdes, Rinder zu hüten.

Dentist: Zahnarzt für Pferde.

Deutsche Reiterliche Vereinigung: Größter deutscher Reiterverband, der alle Reitvereine und Reitverbände mit einschließt. Abkürzung: FN (Fédération Equestre Nationale).

Distanzritt: Langstreckenritt über 25 bis 160 Kilometer, bei dem der schnellste Reiter gewinnt, dessen Pferd vor, während und nach dem Ritt alle Gesundheits- und Fitness-Checks bestanden hat.

Disziplin: Einzelner Bereich des Reitsports.

Dressurreiten: Disziplin mit Prüfung der Gangarten, Gymnastizierung des Pferdes und Elementen aus dem Imponiergehabe von Pferden.

Englische Reitweise: Sammelbegriff für unterschiedliche Reitweisen wie Dressur-, Spring- und Vielseitigkeitsreiten.

Eohippus: Vorfahre des heutigen Pferdes; lebte vor 50 bis 60 Millionen Jahren.

Equus: Biologische Gattung der Pferde.

Fahrpferd (Kutschpferd/ Wagenpferd): Pferd, das eine Kutsche oder einen Wagen zieht.

Fessel: Gelenk am Pferdebein.

Fesselbehang: Lange Haare am Fesselgelenk.

Flehmen: Hochwölben der Oberlippe, um Gerüche besser wahrzunehmen.

Flocke: Kleine Blesse.

Fluchttier: Tier, das bei Gefahr flüchtet.

Freiarbeit: Freies Arbeiten mit dem Pferd, ohne es am Halfter oder an der Trense zu halten.

Fünfgänger: Pferd, das neben Schritt, Trab und Galopp auch die Gangarten Tölt und Pass beherrscht.

Galopp: Schnellste Gangart; wird im Dreitakt gesprungen.

Galopprennen: Gerittenes Pferderennen, bei dem galoppiert wird.

Gangart: Bewegung des Pferdes.

Gangpferd: Pferd, das außer Schritt, Trab und Galopp eine weitere Gangart, meist eine Töltvariante, beherrscht.

Gebiss: Metallstück, selten auch aus Kunststoff, das im Maul des Pferdes liegt und an dem die Zügel befestigt sind.

Geländereiten: Reiten in der Natur.

Genickstück: Oberster Riemen der Trense; liegt hinter den Ohren.

Gestüt: Ort, an dem Pferde gezüchtet werden. In der Regel gibt es mehrere Zuchtstuten und einen, manchmal aber auch mehrere Deckhengste.

Gymnastizierung: Gymnastik fürs Pferd unter dem Reiter oder auch an der Hand.

Halbblüter: Warmblüter mit hohem Vollblutanteil.

Halbwilde Herde: Pferde, die überwiegend ohne Menschenkontakt leben.

Hauspferd: Wissenschaftlicher Begriff für nicht wilde Pferde.

Hechtkopf: Typischer Kopf des Arabers, konkav gewölbt.

Hengst: Männliches Pferd.

Hinterhand: Hinterer Teil des Pferdes: Kruppe und Hinterbeine.

Holzrückepferd: Pferd, das bei der Waldarbeit eingesetzt wird.

Hufrehe: Lebensgefährliche Erkrankung des Hufes, ausgelöst unter anderem durch Stoffwechselprobleme.

Hufschlagfiguren: Vorgeschriebene Linien, die in der Reitbahn geritten werden.

Imponiergehabe: Verhalten von Pferden, meist Hengsten oder Wallachen, um andere Pferde zu beeindrucken.

Jodhpurhose: Reithose, die das ganze Bein bedeckt und ohne Chaps oder Reitstiefel, sondern mit Stiefeletten oder festen Schuhen getragen wird. Mit Leder- oder Kunstlederbesatz.

Kaltblüter: Schwere Arbeitspferde.

Kehlriemen: Trensenriemen, der verhindert, dass die Trense nach vorne heruntergezogen werden kann.

Kleinpferd: Pferd, das um oder über dem Ponymaß von 148 Zentimetern liegt.

Knieaktion: Nach oben schwingende Bewegung des Vorderbeines.

Kolik: Bauchschmerzen bei Pferden; kann lebensbedrohlich sein.

Körpersprache: Pferde verständigen sich untereinander hauptsächlich durch ihre Körperhaltung, durch Anlegen der Ohren und ihre Schweifhaltung.

Kraftfutter: Zusätzliches Futter, das Raufutter bei Bedarf ergänzt; oft Hafer oder Gerste.

Kruppe: Hinterteil des Pferdes.

Lahmen: Humpeln des Pferdes aufgrund von Bein- oder Rückenproblemen.

Langhaar: Mähne und Schweif des Pferdes, manchmal andersfarbig als das restliche Fell.

Laterne: Breite Blesse.

Lebensgewinnsumme: Gesamtes Preisgeld, das ein Pferd innerhalb seines ganzen Lebens gewinnt.

Mähne: Langes Haar, das über den Hals hängt.

Martingal: Hilfszügel, der ein Hochreißen des Kopfes beim Reiten verhindern soll.

Mash: Zusatzfutter für Pferde; wird warm verfüttert und enthält meistens Leinsamenschrot, Weizenkleie und Walzhafer.

Mehlmaul: Helles Pferdemaul.

Nasenriemen: Trensenriemen, der das Pferd daran hindert, das Maul zu weit aufzusperren.

Nüstern: Nasenlöcher des Pferdes.

Das richtige Putzzeug ist wichtig für die Pflege eines Pferdes.

Offenstall: Offenes Stallgebäude, das von mehreren Pferden gemeinsam bewohnt wird. Diese können selbstständig entscheiden, wann sie in den Auslauf gehen.

Paddock: Auslauf für ein oder mehrere Pferde.

Pass: Gangart einiger Islandpferde, die schneller ist als Galopp. So wird aber auch der ungleichmäßig gelaufene Schritt bei allen Pferden genannt, der jedoch unerwünscht ist.

Passage: Lektion der Dressur, stark versammelter Trab.

PAT-Werte: Werte für Puls, Atmung und Temperatur.

Pferdewirt: Mensch mit abgeschlossener Berufsausbildung; Spezialisierung auf Zucht und Haltung oder einzelne Reitweisen.

Piaffe: Krönung der Dressur, Lektion mit höchster Versammlung.

Pleasure: Disziplin im Westernreiten mit ruhigen Gangarten.

Polo: Ballspiel zu Pferde.

Pony: Kleines Pferd, in der Regel bis 148 Zentimeter groß.

Ramskopf: Konvex gewölbter, grober Pferdekopf.

Rasse: Zucht von Pferden auf bestimmte Eigenschaften.

Raufutter: Heu, Gras, Heulage.

Reining: Dressur des Westernreitens.

Reinrassig: Pferd mit anerkannten Zuchtpapieren.

Reitbeteiligung: Dabei erlaubt der Besitzer eines Pferdes einem oder mehreren Menschen gegen Geld, sein Pferd mitzureiten und zu pflegen.

Reiterhilfen: Verständigung des Reiters mit seinem Pferd mithilfe von Sitzhaltung, Schenkeldruck und Zügeln.

Reiterhof: Hof, auf dem Pferde wohnen, die zum Reiten ausgeliehen werden können.

Reitweise: Art, wie das Pferd geritten wird. Jede Reitweise erfordert eine andere Ausrüstung.

Rinderarbeit: Ursprung des Westernreitens; aber auch moderne Turnierdisziplinen beinhalten Teile der Rinderarbeit.

Sattel: Meist aus Leder, wird auf den Pferderücken geschnallt, damit der Reiter besser sitzen kann und sein Gewicht gleichmäßig verteilt wird; es gibt unterschiedliche Sattelarten.

Sattelgurt: Befestigung des Sattels; wird um den Pferdebauch geschnallt.

Schenkelhilfe: Hilfe des Reiters zur Verständigung mit dem Pferd.

Schlundverstopfung: Lebensgefährliche Erkrankung des Pferdes, bei der die Speiseröhre verstopft und Futter nicht mehr in den Magen gelangt.

Schnippe: Größerer, weißer Fleck auf der Pferdenase.

Schopf: Lange Haare am Kopf des Pferdes.

Schritt: Langsamste Gangart des Pferdes; wird am häufigsten gebraucht.

Schweif: Langes Haar am Ende der Wirbelsäule.

Schweifrübe: Oberer Teil des Schweifes.

Sitzhilfe: Gewicht des Reiters, mit dem er Hilfen gibt und das Pferd lenkt.

Skala der Ausbildung: Grundlage der Ausbildung von Reitpferden.

Sliding Stop: Rasanter Stopp bei Westernpferden. Die Hinterbeine bleiben stehen, rutschen aber manchmal noch weiter, während die Vorderbeine noch laufen.

Sportpferd: Tunierpferd oder Pferd mit Talent für Dressur oder Springen.

Springpferd: Pferd, das gut springen kann.

Springvermögen: Großes Springtalent.

Steigen: Imponiergehabe von Pferden. Unter dem Reiter unerwünscht.

Stirnriemen: Trensenriemen, der verhindert, dass die Trense nach hinten rutscht.

Stockmaß: Größe des Pferdes, am Widerrist gemessen.

Strahl: Weicher Teil des Hufes, der vom Ballen keilförmig in die Mitte des Hufes ragt; wichtig für die Funktion des Hufes.

Beim Galopprennen geht es richtig rasant zu: Die Pferde können dann bis zu 65 Stundenkilometer schnell werden.

Strahlpolster: Bindegewebe des Strahls.

Stute: Weibliches Pferd.

Sulky: Wagen mit einer Achse, der von einem Pferd gezogen wird.

Therapiepferd: Pferd, das bei der Behandlung von Menschen mit psychischen oder körperlichen Problemen hilft.

Tölt: Gangart, bei der alle vier Hufe nacheinander gesetzt werden; beherrschen nicht viele Rassen.

Trab: Gangart im Zweitakt.

Traber: Pferderasse, die für Trabrennen gezüchtet wird.

Trabrennen: Sowohl gerittene Rennen als auch Rennen mit dem Sulky im Trab.

Trense: Zaumzeug eines Pferdes beziehungsweise Kopfstück, an dem Gebiss und Zügel befestigt werden.

Turnier: Wettkampf im Pferdesport.

Urpferd: Vorfahre unserer heutigen Pferde.

Versammlung: Höchste Stufe der Ausbildung.

Vollblüter: Temperamentvolle Pferde; teilweise Rennpferde. Nur bestimmte Rassen gehören zu den Vollblütern.

Voltigieren: Turnen auf dem Pferd.

Vorderhand: Vordere Hälfte des Pferdes mit Vorderbeinen.

Wanderreiten: Überwinden einer beliebig langen Strecke zu Pferd; oft mehrere Tage lang.

Warmblüter: Ursprünglich schwere Arbeitspferde, heute moderne Sportpferde.

Westernreiten: Reitweise, die aus dem Alltag der Cowboys entstanden ist.

Widerrist: Höchster Punkt an der Brustwirbelsäule des Pferdes.

Wildpferd: Ursprüngliches Pferd, das wild lebt.

Zehengänger: Tiere, die nur mit den Zehen den Boden berühren.

Zucht: Gezielte Vermehrung von Pferden.

Zuchtbuch: Darin werden Pferde einer Rasse eingetragen.

Zuchtziel: Ziel der Zucht auf bestimmte Merkmale oder Eigenschaften.

Zügel: Verbindung vom Trensengebiss zum Pferdemaul. Über die Zügel erfolgt die Verständigung mithilfe der Zügelhilfen.

Zugpferd: Pferd, das Lasten oder Wagen zieht.

Register

Mein Pferd und ich

Bildquellennachweis

123RF: 148mr (Eric Krouse);
Agentur SORREL: 3ml, 4or, 5 (Blue Roan), 5 (Dunkelbrauner), 8ur, 9m, 9or, 9ur, 9ol, 10mr, 12u, 13mr, 17ol, 20ul, 20mr, 23or, 23mr, 25mr, 25u, 26ur, 28ol, 28ml, 30Hg., 33ml, 33r, 33ul, 37ul, 37ur, 38or, 39or, 39mr, 40o, 41um, 42or, 44or, 45o, 45mr, 45ul, 52Hg., 56or, 57ul, 58ml, 58u, 58ol, 60ul, 60or, 61u, 62r, 62or, 64ur, 68or, 68mr, 70or, 70mr, 75or, 77ur, 81o, 81ul, 82m, 83ur, 84-85Hg., 85ul, 87mr, 87ml, 87Hg., 89ml, 89ul, 92ml, 92mr, 94mr, 94ml, 95ol, 95ml, 95ul, 95mr, 96or, 97ur, 98or, 99ml, 99or, 101or, 101ul, 103m, 103ur, 107ol, 109or, 116ur, 122mr, 123ol, 123Hg., 124ml, 127um, 128l, 130ml, 131mr, 131Hg., 132or, 132Hg., 136or, 136mr, 143Hg., 145mr, 145um, 150or, 151or, 151ml, 152ur, 153or, 154ml, 155or, 155ur, 158ol, 159om, 160ul, 161l, 162ul, 163or, 163mr, 163o, 165mr, 165Hg., 168ol, 171or, 171mr, 174or, 174ur, 175ml, 177mr, 179or, 179Hg., 182ml, 183o, 184Hg.;
Archiv Tessloff: 4m, 6ur, 95u, 96u, 100o, 101m, 147um, 148ul, 149m; **Behling, Silke:** 103ul;
Boiselle: 63Hg. (Archiv Boiselle), 63ol (Gabriele Boiselle); **Corbis:** 52or (Marilyn Angel Wynn/Nativestock Pictures); **Deutsche Reiterliche Vereinigung e.V. (FN):** 104mr;
Dreamstime LLC: 64mr (Tamara Didenko);
Flickr: 22ol (dementia_inc), 29ur (Alex Ferguson), 34ol (J. P. Esperanza), 41mr (Marty Gabel), 98ml (Paul Friel), 130m (Tony Fischer), 141m (Alexander Saprykin), 153ml (Jim Legans Jr.), 172or (smerikal); **Getty:** 69ml (William Thomas Cain); **Juniors Bildarchiv:** 12or (C.Slawik), 15or (Lothar Lenz), 16u (C.Slawik), 17ml (M. Strakova), 18-19Hg. (C.Slawik), 19mr (C.Slawik), 20o (Juniors), 20ur (C.Slawik), 21Hg. (J.-L. Klein & M.-L. Hubert), 22Hg. (C. Slawik), 23Hg. (Lothar Lenz), 24u (C. Slawik), 27Hg. (M. Grebler), 37m (Biosphoto), 42mr (Biosphoto/Bruno Mathieu), 42u (Biosphoto/Bruno Mathieu), 46or (Lothar Lenz), 59or (M. Grebler), 71o (Lothar Lenz), 73o (J.-L. Klein & M.-L. Hubert), 73ul (R. Maier), 78mr (Lothar Lenz), 82or (R. Maier), 82Hg. (R. Maier), 83o (M.Jansen), 87or (R. Maier), 88mr (R. Maier), 89o (E. Trojanska-Koch), 90ol (C. Slawik), 90mr (R. Maier), 110mr (Lothar Lenz/Wildlife), 115mr (B. van Damsen), 119ur (D. M. Sheldon/wildlife), 125ml (M. Grebler/Wildlife), 125Hg. (J. Neukampf/wildlife), 129o (C. Slawik), 135Hg. (C. Dörr), 136Hg. (R. Maier), 140Hg. (M. Grebler), 157ol (T. Milse), 157or (T. Milse), 160o (J.Giustina), 164mr (Lothar Lenz), 164ul (G. Delpho), 166ol (M. Grebler), 166or (R. Maier), 184or (M. Grebler), 185ml (S.Landvogt);
Lenz, Lothar: 22mr, 67mr, 123mr; **mauritius images:** 24mr (Alamy), 80or (Alamy), 128mr (David & Micha Sheldon), 156or (Alamy); **OKAPIA:** 3mr (NAS/R. Van Nostrand); **picture alliance:** 12ol (Arco Images/A. Schmelzer), 14l (dpa/Wolfgang Langenstrassen), 15mr (Lothar Lenz/OKAPIA), 17Hg. (Woodfall/Photoshot/Gabriele Boiselle), 21or (Elisabeth Weiland/OKAPIA), 29o (Arco Images/J. Moebes), 29ml (Lajos-Eric Balogh), 31ul (blickwinkel/L. Lenz), 32o (Arco Images/A. Schmelzer), 34or (Mary Evans Picture Library/Ardea/Jean-Paul Ferrero), 35om (IMAGNO/Austrian Archives), 35r (dpa/Tass Waleri Matytsin), 36o (Arco Images GmbH/TUNS), 37or (blickwinkel/N. Dautel R), 38or (AP Photo/MBO/Jay Diem), 40mr (PA Gowthorpe 6128921/dpa), 45ur (Caroline Seidel/dpa Themendienst), 49um (blickwinkel/B. Lamm), 53mr (Nederlandse Freelancers/ANP/Ronald Naar), 54mr (dpa/Henning Kaiser), 55ol (dpa/View Reiner Voß), 55ur (BREUEL-BILD/ABB), 61ol (C. Leithold/blickwinkel), 62ol (Jean-Loup_Gautreau/AFP/epa/dpa), 65ml (Lo Ping Fai/Xinhua), 66o (Arco Images/A. Schmelze), 66ul (OKAPIA/Robert Maier), 67or (Arco Images/R. Wittek), 72Hg. (blickwinkel/R. Kaufung), 73u (obertharding/Tim Graham), 76-77Hg. (Grebler, M./Juniors), 77or (Sueddeutsche Zeitung Photo/

Filser, Wolfgang), 77ul (dpa/Wolfgang Langenstrassen), 79ml (Arco Images GmbH/Siegel, R.), 86or (dpa/Uwe Anspach), 92-93Hg. (Arco Images GmbH/de Cuveland, J.), 92m (Arco Images GmbH/Layer, W.), 93mr (Arco Images GmbH/L. Weyers), 102or (Augenklick/Bernhard Kunz), 102ml (Gladys Chai von der Laage), 102mr (dpa-Zentralbild/Soeren Stache), 102u (GES/Eric Tran-Quang), 103mr (Volker Essler/SVEN SIMON), 104o (dpa/ Malte Christians), 105ul (WILDLIFE/M.Boulton), 116o (I. Elsner/WILDLIFE), 116ul (Robin van Lonkhuijsen/ANP), 116ml (Roeselien Raimond/natureinstock.com), 119ul (EXPA/APA/picturedesk.com), 125ol (Stefan Sauer/dpa), 126ml (I. Elsner/WILDLIFE), 129ml (H. & M. Kuczka/Arco Images GmbH), 129mr (Claudia Paulussen/Westend61), 134mr (Tom & Pat Leeson/Ardea/Mary Evans Picture Library), 134Hg. (Tom Brakefield/OKAPIA), 135or (M. Harvey/WILDLIFE), 136ur (Mary Evans Picture Library/Bob Gibbons/ardea.com), 137ul (dpa/Uwe Anspach), 137ur (StockPix/Phil Duncan | Sportpix.org.uk), 140ml (dpa/AFP-iopp/Michael Jung), 152mr (Okapia/Lothar Lenz), 165or (Arco Images GmbH/Machill, O.), 168ml (blickwinkel/S. Sailer/A. Sailer), 169or (dpa/Franziska Kraufmann), 170um (dpa/AAP/Steve Gray), 171Hg. (Wildlife), 173o (Sueddeutsche Zeitung Photo/Wolfgang Filser), 173ul (WILDLIFE/J.Mallwitz), 173ur (Okapia/Robert Maier), 176ol (Arco Images GmbH/H. & M.Kuczka), 177ul (Woodfall/Photoshot/Gabriele Boiselle), 178ol (dpa/Bernd Weissbrod), 187ur (Arco Images/A. Schmelzer); **Pixelio:** 11om (Bredehorn Jens), 11mr (Bredehorn Jens), 55ul (Michael Rittmeier), 86ol (Jolina Pfäffle); **Sabine Stuewer TIERFOTO:** 13Hg., 13ur, 15u, 18l, 43ol, 44m, 44u, 71m, 72or, 72m, 77ml, 78om, 85ur, 89mr, 118u, 120-121Hg., 122o, 122ur, 128um, 130Hg., 131ol, 132om, 137o, 151u, 158-159Hg., 163ml; **Shutterstock:** 2-3Hg. (Roberaten), 4-5Hg. (Wiktoria Pawlak), 4u (Liliya Shlapak), 5l (Palomino: Olga_i), 6-7Hg. (Roberaten), 6or (spwidoff), 6um (Katho Menden), 6m (Callipso), 7om (eastern light photography), 7ol (myway8), 8-9Hg. (Roberaten), 9ul (Linda Marie Caldwell), 10o (DragoNika), 14Hg. (Roberaten), 16Hg. (Roberaten), 19ur (Seleznev Oleg), 24Hg. (Roberaten), 26o (Olga_i), 26u (Roberaten), 28-29Hg. (Roberaten), 32-33 (Roberaten), 35 (Roberaten), 36ur (Dennis W. Donohue), 36-37 (Roberaten), 42o (Roberaten), 44o (Roberaten), 47m (Buffy1982), 49or (KACHALKIN OLEG), 53or (Slawomir Fajer), 54-55Hg. (tadekz), 56-57Hg. (Csati), 56 (Papier/Kostenko Maxim), 57om (JP Chretien), 57ol (JP Chretien), 57mr (135pixels), 57 (Papier/Kostenko Maxim), 59o (Roberaten), 60Hg. (AndyfoxOcoOuk |), 64Hg. (Roberaten), 64ol (Olga_i), 64or (Eugene Sergeev), 65or (Polina Shestakova), 66-67 (Roberaten), 68ml (Jamie Hall), 70Hg. (Nicole Ciscato), 71ul (Juha Saastamoinen), 71u (Roberaten), 73u (Roberaten), 78o (Roberaten), 80Hg. (Sara Borbala Balogh), 84ol (Vera Zinkova), 85m (Anna Sedneva), 94ul (Pavlo Burdyak), 94m (Nicole Gordine), 94ur (digitalfarmer), 98-99Hg. (Kokhanchikov), 98mr (Icons/Willierossin), 99mr (Icons/Willierossin), 99ol (Icons/Willierossin), 101ur (Christina Henningstad), 102-103Hg. (BaLL LunLa), 102 (Odua Images), 103 (Odua Images), 104-105Hg. (Roberaten), 105or (Tanya Ustenko), 105m (Edoma), 105mr (Bildagentur Zoonar GmbH), 105ur (Poly Liss), 106u (Alan Kraft), 111u (Roberaten), 111ur (Zuzule), 111or (Zuzule), 113Hg. (Olga_i), 113ml (Makarova Viktoria), 114-115Hg. (Roberaten), 116Hg. (Roberaten), 119Hg. (Roberaten), 120Hg. (Roberaten), 122Hg. (Roberaten), 122ul (Nicole Ciscato), 126-127Hg. (Roberaten), 128-129Hg. (Roberaten), 133Hg. (Roberaten), 134ur (aleksandr hunta), 137u (Roberaten), 139u (Roberaten), 142l (Elena Elisseeva), 142um (Jim Noetzel), 145ul (Vespa), 146ul (marekuliasz), 147or (StockLite), 147ol

(Bürsten 2, 4. 6/Cathleen A Clapper), 147m (Schwamm/Peter Gudella), 147ml (George Dolgikh), 147ml (CustomPhotographyDesigns), 147ml (Sari ONeal), 148um (Amadeu Blasco), 148ur (garanga), 149mr (Hein Nouwens), 151o (Roberaten), 153u (Roberaten), 157Hg. (hofhauser), 162Hg. (Dave Allen Photography), 169ml (Rita Kochmarjova), 170ml (Stefan Holm), 172Hg. (Douglas Foscale), 172ul (Horse Crazy), 175ur (horsemen), 177o (Patryk Kosmider), 182-183Hg. (Zuzule), 185ur (Zuzule), 186o (Roberaten), 188ul (Cathleen A Clapper), 189or (Stefan Holm); **Slawik:** 1Hg., 3m, 3or, 5l (Falbe), 5l (Brauner), 5 (Isabell/Cremello), 5r (Rappe), 5r (Tiger), 5 (Schecke), 5r (Schimmel), 5l (Fuchs), 7or, 8ul, 14um, 14ur, 15ml, 16or, 16ml, 18m, 24ol, 25or, 27or, 27mr, 28u, 30ol, 32ur, 34Hg., 34ml, 36mr, 39Hg., 41or, 41Hg., 42ml, 43u, 43ml, 44mr, 50o, 50ml, 50um, 51om, 51ol, 51or, 51ul, 51ur, 54ml, 56ol, 56mr, 56or, 59u, 59ml, 60ur, 61or, 65Hg., 67ul, 69or, 69Hg., 72ol, 74or, 74Hg., 75Hg., 76ol, 78u, 79or, 79Hg., 81ur, 83ul, 85or, 85ml, 86Hg., 88Hg., 90Hg., 91o, 91ur, 93ml, 94-95Hg., 96ml, 96mr, 97ml, 98ul, 99ur, 103ol, 106or, 107ur, 107Hg., 107or, 108-109Hg., 108o, 109um, 109ml, 110Hg., 111ul, 111ol, 112or, 112Hg., 112ol, 113ul, 113or, 114o, 114ul, 115or, 115ul, 117Hg., 117ml, 117or, 118or, 118ol, 119o, 119mr, 120ol, 121or, 124Hg., 124mr, 124or, 126um, 126r, 127o, 127ur, 129ur, 132m, 133um, 133mr, 133l, 137ml, 138Hg., 138ul, 139o, 139mr, 139ur, 140ul, 141or, 141Hg., 144ol, 145om, 148o, 148m, 149or, 150Hg., 150ml, 152or, 152Hg., 153o, 153ur, 154ur, 155ml, 158ul, 159or, 160ur, 161m, 161mr, 161um, 162ol, 164or, 167ol, 167Hg., 167ul, 168-169Hg., 170Hg., 174ol, 174Hg., 175o, 175mr, 175-176Hg., 178Hg., 178or, 180ol, 180or, 180Hg., 181or, 181ml, 181um, 182ul, 184ml, 185o, 186or, 186u, 187Hg.; **Thinkstock:** 2u (Gio1324), 7m (willierossin), 8o (kondakov), 11or (geoleo), 11um (Nadezhda Bolotina), 11ul (RuudMorijn), 19or (Zuzule), 21ur (mb-fotos), 30or (gebut), 31or (Photokanto), 31Hg. (sskender), 32ml (vidalidali), 36ul (Adam Edwards), 38mr (Isabelle Carpenter), 38Hg. (andieymi), 47or (Dorling Kindersley), 47ul (GlobalP), 47ur (fotohalo), 48-49Hg. (GroblerduPreez), 48or (madcorona), 49mr (Eduard Kyslynskyy), 53u (TomasSereda), 68Hg. (Rupert Kirby), 93or (Purestock), 97or (Comstock), 97ol (Ingram Publishing), 134ml (Eduard Kyslynskyy), 135m (GroblerduPreez), 138mr (fotohalo), 143or (PavelKriuchkov), 145ml (maunzel), 145ur (jeff gynane), 146ol (virgonira), 149ul (Dorling Kindersley/Helen Senior), 149ml (Dorling Kindersley), 149ur (Dorling Kindersley), 154om (Dorling Kindersley), 156ol (Miguelito), 156Hg. (Laurent davoust); **Wikipedia:** 26ml (Ilshat Saitgalin), 38ur (Susanne Bledsoe, U.S. Army Corps of Engineers), 40ur (Archive LesMeloures), 55or (Didier Duforest), 74ml (Public Domain/Melchior Lorck), 88um (Huhu), 166Hg. (Alain Laurioux), 167or (Véronique Mestre Gibaud (Association française du Cheval Arabe-Shagya), 187or (atreyu); **Zieger, Reiner:** 46u; **Zoonar GmbH:** 72mr (Manfred Grebler)

Umschlagfotos: Juniors Bildarchiv: U4 (Christiane Slawik); Shutterstock: U1 (Sergey Uryadnikov)

Copyright © 2016 TESSLOFF VERLAG, Burgschmietstraße 2–4, 90419 Nürnberg

qualitaet@tessloff.com, www.tessloff.com, Alle Rechte vorbehalten.

ISBN 978-3-7886-2186-5

WÖLFE
Im Revier der grauen Jäger

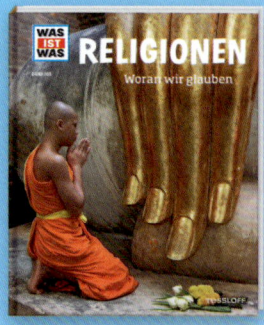

RELIGIONEN
Woran wir glauben

BURGEN
Zeugen des Mittelalters

EUROPA
Menschen, Länder und Kultur

FEUERWEHR
Rettung im Einsatz

BÄREN
Grizzly, Panda, Eisbär

BAUERNHOF
Tiere, Pflanzen und Maschinen

DAS MITTELALTER
Die Welt der Kaiser, Edelleute und Bauern

POLIZEI
Streife, Kripo, SEK

SCHLANGEN
Jäger mit dem sechsten Sinn

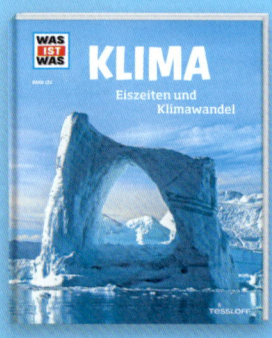

KLIMA
Eiszeiten und Klimawandel

DEUTSCHLAND
Land und Leute entdecken

GEHEIMNIS TIEFSEE
Leben in ewiger Finsternis

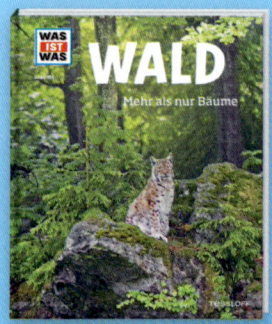

WALD
Mehr als nur Bäume

ROBOTER
Superhirne und starke Helfer

STEINZEIT
Die Zähmung des Feuers

TAUCHEN
Faszination unter Wasser

ZUKUNFT
Alles im Wandel

ARCHÄOLOGIE
Schätze der Vergangenheit

NACHWACHSENDE ROHSTOFFE
Mit Pflanzen-Power in die Zukunft

OZEANE
Die Meere erforschen und schützen

DER MARS
Aufbruch zum Roten Planeten

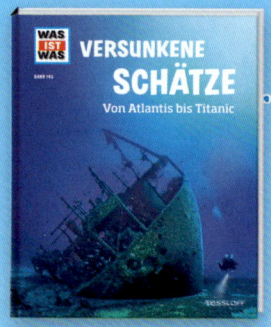

VERSUNKENE SCHÄTZE
Von Atlantis bis Titanic

MYTHOLOGIE
Göttinnen, Helden und magische Wesen

Die Reihe wird fortgesetzt.